自由は人間を幸福にするか

長谷川三千子＋佐伯啓思＋竹田青嗣＋小浜逸郎

ポット出版

自由は人間を幸福にするか　●目次

自由は人間を幸福にするか

長谷川三千子＋佐伯啓思＋竹田青嗣＋小浜逸郎

「人間学アカデミー」第四期シンポジウム（２００５年７月９日、於東京・麻布学園）

不自由なものとして生まれ死ぬ人間

小浜――進行役の小浜です。簡単にパネリストの方々を紹介します。向かって一番右側が早稲田大学教授の竹田青嗣さんです。『人間的自由の条件』という大著を著され、近代社会の政治思想のアポリアをどう乗り越えたらいいかという問題に取り組まれています。ヘーゲルとルソーの社会思想に言及され、私自身は大変共感しております。今日はそのお話を伺えたらと思います。その隣が、京都大学教授の佐伯啓思さん。講談社現代新書から『自由とは何か』という本を出され、リベラリズムを懐疑するというコンセプトで深い思想を展開しておられます。そして私の隣が埼玉大学教授の長谷川三千子さんです。長谷川さんは少し前になりますけれども、『民主主義とは何なのか』という大変刺激的な本を出されていまして、このなかで、日本国憲法の思想を形作っているアメリカ民主主義の考え方や、根本にあるフランスの人権思想に対して大変に懐疑的です。その思想の源流にあたるロックはインチキである、ペテン師であるという刺激的な発言をなさっております。今日はそのあたりのお話も、お三方、互いに絡み合いながら聞いていきたいと思います。

お手元に今日のシンポジウムのプログラムが簡単に書いてありますが、だいたい次のような流れでいきたいと思います。始めの一時間で「人間は自由であるといわれているが、果たしてそうなのか」というテーマで話し合います。生まれてきてしまったという不自由、「私」という不自由、死すべき存在としての不自由、この三つの根元的な不自由の問題を哲学の原点であるプラトンに戻って、まずは長谷川さんを中心に話していきたいと思います。

今日のパネリストの方は私も含めて大体五十代後半で、この年齢になりますとなかなか浮世はままならない、人間はそんなに自由ではない、不自由でしかたがない、というような苦い思いを皆さんかみしめていらっしゃるのではないかと思います。この不自由と自由の関係の問題というのは大変読み取りにくい問題であって、我々はどうしたら自由を幸福と結びつけて実感できるのかという問題のヒントになれば、と思います。次の一時間は、先ほども言いましたが、いわゆる自由の思想はヨーロッパのホッブズ、ロック、ルソーという系列に基づいて考えるのが定番になっています。その自由を理念に掲げたアメリカは世界の超大国であり、そのアメリカがややもすれば国際社会に自国の理念を押しつけているように見えますが、その辺の問題を考えてみたいと思います。

それから休憩を挟みまして、理念的な話とは少し視点を変え、現代日本の若者層や中高年層に広がる具体的な問題について話し合ってみたいと思います。諸外国と公平な比較をしますと日本は豊かで自由な国である、そういうふうになっているんですけれども、その豊かで自由であるはずの日本の国民が、どうもそれほど幸せに満たされているとは思えない。自由が与えられたけれども、与えられた自由の中で、我々はかえって不自由なのではないかという問題を具体的に話していきたいと思います。若者のフリーター、ニート、引きこもりの問題などを話し合うことができればいいなと思っています。

前おきが長くなっては困りますので、先ほど申し上げました、人間における根本的不自由という問題を哲学的に考えていきたいと思います。長谷川さん、それでは最初にお願いします。

長谷川――進行役の小浜さんには大変申し訳ないのですが、勝手な話から始めさせていただきます。小浜さんのご計画からすると、すっきりホッブズ、ロック、ルソーという話から始めるのがよいのでしょうが、この「自由は人間を幸福にするか」というタイトルを目にしたとたん、これはやはり一番の出発点から話をしたいという気持ちがわいてまいりまして、今日はいささか哲学的なお話をしたいと思います。

まず自由という問題を考えるときには、最初に何を不自由と考えるのか、そこから考えないと始まらない。話がふわふわしたものになってしまうと思うのです。ですから、まずは、我々にとって何が一番不自由なのか？と問うことから始めてみたいと思います。

「自由」という言葉は、文字どおりには、自分が自分に由来している、自分によって自分が存立している、そんな意味をもちます。ところが考えてみると、私がここに生まれ出てきていること自体が、(文字どおり)「自由」ではないわけです。お父さんがいてお母さんがいてあなたが生まれましたというその時点で、生まれてきたこと自体がもはや自由ではないのです。人間存在はすでにその出発点において、絶対的不自由を抱えていると言わざるをえない。

しかも出発点の不自由ばかりではありません。終着点を考えてみると(しっかりと決意を固めて「私は四十五歳になったら自決する」と思っているような人間は別として)、これも意のままにはならない。何歳で自分の人生を終わるにしても、生まれ出てきて永遠に生きるということは不可能です。百二十年以内には死んでしまうのが人間の定められた運命だ、ということが「創世記」にちゃんと書いてあるのですが、不思議にも、それから何千年も経っているのに人間の寿命は百二十歳を越えられません。

考えてみると、人間というものは不自由なものとして生まれ、不自由なものとして死ぬ。この根源的な不自由にがっちりと両側を締め付けられながら、その中間地帯で、かろうじて幸福だとか不幸だとか言いながら生きている、それが我々人間の姿です。

このことに気がついてしまうと、それ以外のいわゆる市民的自由なんてものは鼻くそみたいな自由論だ、という気がしてしまうのです。

　この根源的不自由をどうしたらいいのかという問題に取り組み続けてきたのが哲学であるとも言えましょう。しかしそれ以上に、このことに本当に真剣に取り組んできたのは仏教ではないかという気がしているのです。実は、自由というこの日本語は（というか漢語ですが）、明治期の日本人が仏教用語から借りてきて、リバティだとかフリーダムという西洋語の翻訳にあてている。つまり、日本人の「自由論」の源は、まずは仏教にあったのです。仏教で考えている「不自由の克服」は、一口に言ってしまえば次のようなものだと私は考えています。不自由を突破するのに、もっと寿命を伸ばそうとか、お父さんお母さんに責任を持ってもらおうとか、政府に文句をつけるとか、そんなふうに横を向いてじたばたしても、こういう根源的な不自由に関してはまったく無意味です。ではどのようにこの不自由を克服することができるのか。まず、何でお前さんは「今、ここ」にいる自分を不自由だと思っているのか。今ここにしかいることができない、今ここに、こんなに限られた小さな一点で存在していること――言ってみればこれが不自由の実感なわけですけれども――それを不自由だと感じているおまえさん自身のその無知が、不自由を作り出しているのではないか。「今、ここ」を除いて、いったいどこに永遠だの、世界だの、というものがあるのか。もう一回「今、ここ」というものの広さを見てみろ、自己という一点のもつ限りない大きさを見よ——それが仏教流の不自由の克服、すなわち「解脱」ではないかと私は理解しています。

プラトンの「根源的不自由」の追求

長谷川——私は、こういう種類の不自由の克服に非常に共感を持っていまして、西洋の哲学はこれに比べると、自由の問題の扱い方が下手だなあという感じを長らく持っていたのです。ところが最近になって、そうばかりではないという気がしてきました。じつはプラトンを読み直しているうちに、そういう気持ちがしてきたのですが、おそらくプラトンという学者は、人間の根源的な不自由という問題を一番リアルに突き詰めて考えた人ではないかと思います。

今日皆さんのお手元にお配りしたプリントは、こういう話をするときに学生たちに配っているのと同じもので、『パイドン』からの引用なのですが、ここにはいわゆるイデア論と呼ばれるプラトンの考えの典型的な形が示されています。ただし、いま、このプリントを元にこれから私がお話することは、いわゆる古典学者やプラトン学者に聞かせたら、勝手なこと言うなと怒られるんじゃないかという、そういう話です。ある意味では勝手な与太話です。それをおふくみおきの上でお聞きいただきたいと思います。

プラトンの対話篇については、どこからどこまでが作者プラトンの思想で、どこからどこまでがソクラテス自身の思想なのかが定めがたい、ということがよく言われます。お手元のプリントもソクラテスを主人公にした対話篇の典型的なものの一つですが、プラトンの書くものはほとんどすべてソクラテスを主人公にした対話のかたちで書かれています。プラトンの哲学は、ソクラテスに出会うことによって、ソクラテス体験というものによって作られた——このあたりまでは古典学者も文句をつけないと思います。しかし、私が最近感じているのは、プラトンの哲学を作り上げたソクラテス体験というものは、生きたソクラテスとの出会いではなくて、実は、死んだソクラテスとの出会いこそが重要だったのではないかということなのです。変な言い方に聞こえるかとも思うのですが、こういうことです。

プラトンが二十代の後半の頃、ソクラテスはアテナイの人民裁判で、アテナイの神々を敬わず若者たちを堕落に導いた、という罪状で有罪を宣告され、死刑を執行されます。死刑の執行といっても自分で毒を飲むという刑なのですが、静かに獄中で毒杯をあおいで死んでいきます。この『パイドン』という対話篇は、その最後のもようを詳しく描いた対話篇です。ここに描かれた通り、ソクラテスは獄中で死に、弟子のシミアスやケベスやクリトンやアガトンは、ソクラテスはいなくなってしまった、我々は師を失ったと言って嘆き続けていたに違いありません。ところがプラトン一人は、どうもそうやってみんなと一緒に嘆き悲しむことができない。みんなはソクラテスが死んでいなくなってしまったと言っているけれども、どうも自分にはそう思えない。ソクラテスは確かに死んでしまったけれども、でもいなくなっていない――そんな奇妙な感じが彼につきまとって逃れようがなかったのではないか。そして、いったいこれは何なのだろう、という疑問が、ソクラテスの死後書き出したたくさんの対話篇となって表れてきたのではないか。そんな勝手な想像をしているのです。実際、プラトンがこの『パイドン』という対話篇を書いたのは、四十歳位の頃だと言われています。すなわち、自らの心中の謎を十年以上もあたためていて、ようやく「人間が死ぬとはどういうことなのか」、「人間が死んでもいなくならないというのはどういうことなのか」ということをソクラテス自身の口に語らせたのが、この『パイドン』という対話篇ではなかったかという気がするのです。

ここに語られている内容は大きく二つに分かれます。一つは人間の存在は魂と肉体の二つから成り立っていて、肉体が死んでも魂はそこで消えてしまうのではない、「魂は不死である」というテーマ。もう一つは先ほども言ったいわゆるイデア論というテーマです。ふつう哲学史では、プラトンといえばイデア論ということになっていますが、これはどういう考えなのかといえば、たとえば、ここに青インクでざっと三角を描く。こちらには紙に印刷した三角がある。両者、色も大きさも素材も違うけれども、どちらも同じ「三角」です。これは「三角」のイデア――三角そのもの――があるから可能なことなのだ、という考えです。同様にして「美」そのもの、「善」そのものがある、というのがいわゆるイデア論と呼ばれるものなのです。しかし、『パイドン』は、そういうイデア論を主張するために書かれたのかと言えば、それは違う、というのが私の考えなのです。

ちょうど同じ時期に『パルメニデス篇』という別の対話篇が書かれているのですが、そこでは珍しく若いソクラテスが登場してイデア論を語り、パルメニデスにこてんぱんに批判されています。それを見ても、プラトンは単なるイデア論者だったのではない。どうやらこの『パイドン』全体が、プラトンにとっては、ソクラテスの死という大きな謎を、「謎」として表現しようとしたものだったのではないか、と思われてならないのです。人間というものはたまたま、それこそ全くの偶然のようにしてこの世界のうちに生まれ出てきて、そして死すべきものとして死んでいく。しかし、人間の存在がそこではかなく消えてしまうかというと、そうではない。人間にはその生と死の不自由を克服するという究極的な自由への道がある。本当は、そういうことを語りたかったのではないか、という気がしています。

この世のなかでの人間の世間的な幸福とか不幸とか、そうした類のことは、こういう根源的な自由を人間は得ることができるかどうか、という問いの前にはほとんどどうでもいいような問題になってしまう。あるいはさっきも言ったように、奴隷の身分であるか、自由人の身分であるかということ——一口に言って、市民的自由ということ——そんなことはみんなどうでもいい問題になってしまう。こんなふうに言うと、麻雀をしようとせっかく四人で雀卓を囲んだとたん、全部牌をひっくり返してゲームができなくなるような話になってしまうのですが、実はこの根源的な自由というものを考えるところに、我々のこの世の自由不自由について考える重要な手がかりがあるのではないかと思っています。

小浜さんが人間学アカデミーの講演をまとめた本に『なぜ私はここに「いる」のか』というご著書があります。まさにこの一言に集約されるような、究極の不自由こそが、もっとも重要な核心だと思います。しかし、この究極の不自由に取り憑かれてしまうと、人間は孤独地獄に陥ってしまう。その孤独地獄の中で自由を得ても本当の自由にはならない。やはりこの世界で、他の人間に出会うことができるようなかたちで自由になることができないと、本当の解脱自由ではない。仏教では、これを、悟ったあとの「入泥入水」（再び俗世へとおり下って、衆生と共に泥水のなかでもがくこと）という言い方で表現していますが、それなしに自分ひとりが悟っても、それは「声聞外道」だというわけなのです。

これは単に大乗仏教という一宗教の教義にとどまるものではありません。自分ひとりが自己の究極的な不自由というものを解決したと思っても、それはまだ本当の意味での「自由」ではない。ほかの人間たちと出会うべく、この世界に戻ってこなければならない。根源的な自由ということを考えれば考えるほど、もう一回この世に戻ってこなければならない。そういう形で他者とのかかわり、というところに戻ってきたときに、たぶんはじめてそこから市民的自由という問題への解答も生まれてくるのではないか。そんなふうに考えているのです。

一回雀卓をひっくり返してまたもう一回パイを並べなおしたようなところでバトンタッチをしたいと思います。勝手なことを申し上げました。

小浜——どうもありがとうございました。大変根源的なお話をしていただきました。『パイドン』の中でソクラテスが試みている「魂の不死」の証明は四つあるのですが、いわゆる幾何学的な証明という意味では証明になっていないのです。ところが大事なのはそのことではなく、やがて去ってしまう先生と永久に会えなくなる不自由をいかにして克服するかという、いってみれば情緒に深く裏づけられた動機がこの作品では重要なのではないかと思っていまして、長谷川さんの話を聞いて納得できることが多くありました。

では次に、このことに直接絡むことではなくても、哲学的に見た自由という観点で、佐伯さんからお話いただきたいと思います。

近代的自由と人を殺す自由

佐伯――文字通り根源的な問題提示をされて、それを受けてしゃべるのはなかなか苦しいところがあるのですが、『パイドン』を持ってきてパイをひっくり返したという話もありましたけれども（笑）、もう一度パイを並べなおすのもなかなか大変です。私の場合には社会科学をやっておりまして、この中では哲学から一番遠い人間ですが、以前からプラトンは比較的好きでよく読んでおりました。

今の長谷川さんの話は非常に納得できるもので、ほとんど異論はないのです。ただ私の場合には、市民的自由のような問題、たぶん竹田さんがこのあと話されると思うのですが、近代的西洋的な意味での市民的自由とはいったい何かという問題関心から出発して、次にプラトンを読んだのです。それから仏教や日本の古典思想を読み、最近はこちらのほうが深いものがあるのではないかという感じがしています。ですから長谷川さんと関心が共有するのですが、その順路といいますか、道筋が少し違います。

それで長谷川さんの話を受けて言うと、私が関心があるのはこういうことです。具体的な話を一つさせてもらうと、この近代的な「自由」という問題が非常に厄介だなとつくづく思います。特に現代人にとって、自由という問題は厄介なつまずきの石になっているという感じが以前からしていたのですが、特にその問題をひしひしと感じたのは九七年の神戸の少年の殺人事件のときでした。

あのときに、有名な話で皆さんもご存知でしょうけれども、何人かの同世代の少年たちと大人が座談会をしているときに、ある少年が「どうして人を殺しちゃいけないんだ」と聞きました。それに対して大人がきちんと答えられなかった。このことは小浜さんも本に書いておられますけれども、私もこの問いは衝撃的でした。実は私自身もそういうことを考えていたのです。

本当のところ、人を殺してはなぜいけないのか、私にもよく分からなかったのですね。しかし人前でそういうことを問うこと自体が不謹慎だといいますか、問うべき問いでないという気がしていたのです。私はそのようなことを人に問いかけたことはありませんが、実は私自身が高校生のころからそういった感情をずっと持っていたのです。そうすると、やはりこのことは個人的事情や世代をこえて依然として問題なのかという気がして、その時に二つ三つの感想を持ったのです。

一つは、この問いに答えるのは非常に難しいだろうということです。もちろん簡単な答えは出てくるのです。おまえが殺そうと思えば、おまえも殺されるではないか。あるいは人の幸福を奪う自由はおまえにはない。そういう答えが出てくるのですが、それはたいした答えにはならないのですね。おれも殺されてもかまわないんだと言えば、それに対する応答が難しくなってしまいます。まず一つ、この問いに答えるのはきわめて難しいということですね。

そうだとすると、それにもかかわらず人が人を殺さなかったのはどうしてなのか。時々は殺人事件がありますけれども、日常的にそんなにありません。もちろん、法に罰せられるのは嫌だという理由もあるでしょうが、これは一種の功利主義的な回答であり、人を殺すことによって不利益が多いという答えですから、その逆のことを考える人は殺してもいいということになってしまいます。だからこれも十分な答えにはならないのですね。

それから、もう一つそのときに感じたことは、私自身も高校時代からずっとそういう感情を抱き続けていたのですが、そういうことを人前で聞くことは恥ずかしいことであるし、発するべき問いではない。そういう問いは私的な感情の中に封印されるべきことで、少なくとも公の場で公然と問われるべきではない。もし本当に殺人をするような事情があるとすれば、理由だとかなんだとか、良いとか悪いとかという話ではなく殺してしまうものです。理屈の話ではないような気がするのです。こういう問いを問いとして出すこと自体が、どこか不謹慎なところがある。そのことはいったいどういうことなのか、という気がずっとしているのです。こういうことをその時に感想として持ちました。

近代的自由が失ったもの

佐伯――それで、この問題に対する回答は私もまだ十分に出せていないのです。出せてはいないのですが、この問題は、実は非常に深刻な形で世界をおおっているのですね。少し変形された形ですけれども、やはりこの問いは、一人一人我々全員の前に突きつけられているのです。それは言うまでもなくテロです。テロの問題なんです。

テロリストというのは、自分が殺されることを覚悟で人を殺すわけです。人を殺してはダメなのか良いのか、といったことはもうここでは問題にはなっていない。そこまでいってしまっているわけです。つまり十四歳の子どもは、学校の中でのテロリストなんですね。テロリストはけしからんという話はできるんでしょうけれども、テロリズムの何が悪いのかということを論理的に根底から批判するのは非常に難しいのです。

これは特に近代的な自由の問題の、あるいは近代的な秩序形成の重要なアポリアだという気がする。あとから違う形で皆さんに議論をして頂きたいと思うのですが、この問題を言い換えると、次のようになるでしょう。近代社会とは諸個人の自由を原則として作られた社会であると考えることができる。ところがその近代的な自由というものの中には、一つ間違えば、人を殺してもいいという自由が入りかねない。ルールとして入れないのだと言われるかもしれませんが、そのルール自身を認めない自由というものはルールで排除することはできないわけです。ルール自身を認めないという自由までくると、近代的な自由の中に、人を殺してもかまわないという自由が入り込んできてしまう。私は、近代的な自由は、そこまで概念が拡張されてしまっている気がします。

考えてみれば当然で、近代的な自由の根本にあるのは「自然状態」という観念です。ホッブズにしろルソーにしろ、人間はまず自然状態にあり、自然状態において徹底的に自由である、何でもやりたいことができるというところから出発します。しかしそれだけでは社会秩序が成り立たない。やりたいことが自由にできるということは、自分自身の生命を奪われる可能性もあるわけですから、それは嫌だ。そこで、社会秩序を作る。こういう話です。従ってこの根本にあるのは自然状態、自然的自由なのですね。

ところが自然状態から社会状態への移行は、それほど明快ではない。フィクションの上で社会契約をしたという話ですが、我々は一人一人が社会契約をやっているわけではないですから、一人一人の人間は自然状態へ何時でも戻ってしまう。そこまで戻れば、先ほどの人を殺してもいいのではないか、という話がまた出てきてしまうのですね。社会状態の背後に自然状態があるとするならば、社会契約からはみ出した者はすぐに自然状態へ戻ってしまう、ということです。私はこういう問題を考えていたのですが、どうしてこういう問題が出てきてしまうのか。どうしてこういう問題を我々が考えざるをえなくなってしまったのか。しかもこういう問題を立てたところで、なぜ我々はデッドロックへ乗り上げてしまうのか。そういうことも同時に気になるのです。

そのときに、長谷川さんがおっしゃったギリシャのことが私も気になる。言い換えると、どうしてギリシャ人はこういう問題を発しなかったのかということです。プラトンの中にもアリストテレスの倫理学や政治学の中にも、こういう種類の問題は出てきませんね。私の読んだかぎりではそのような話はなかったのです。アリストテレスの倫理学の中でなぜ人を殺してはならないか、などという問題はでてきません。後からまた話していただければと思いますが、ギリシャ哲学の中には、個人が自分の欲望を実現するためには基本的には何をやってもかまわない、という自然状態における自由という観念は、少なくとも正面からは論じられていない。我々がここでいっている自由にあたる明示的な観念は存在しなかったと思うのですね。

どうしてそういう概念をギリシャ人は作らなかったのか。どうして私が言ったような問いをギリシャ人は立てる必要が無かったのか。そう考えてみたときに、長谷川さんがおっしゃった問題は私なりによく分かるのです。

プラトンの『パイドン』で言われているのは、霊魂が不滅であることの証明です。魂とは不滅である。永遠に存在する。人間の肉体は滅びるけれども魂は生き残る。魂が肉体に宿ったときに、人間は生き生きとした生活をすることができる。理性的にものを考えることができる。様々の楽しいことを楽しいと感じることができる。優れたものを優れたものとして感じ、美しいものを美しいものとして感じることができる。肉体は滅びるけれども、魂はそのような可能性を常に秘めて、永遠に存在するんですね。

このソクラテスのメッセージを私なりに言えば、長谷川さんがおっしゃったように人間そのものは根源的に不自由である。確かにある親の元に生まれて――まあわたしは百二十まで生きたいとは全然思いませんが、後もうしばらくは生きたいという気もしますけれども――、しかし七十か八十歳くらいで人間は死ぬものである。根源的に不自由である。根源的に不自由であるにも関わらず人間に生きる価値があるとすれば、それは魂が宿るからなのですね。永遠に不滅であるという魂が一時的にでも肉体に宿るからなんです。どうせすぐ死ぬとなれば、人はただ快楽と本能のままに生きるかもしれない。しかし魂という個体を越えたものがある時、個体は魂によって動かされ、また魂のために働こうとする。魂が宿るおかげで人間は優れたものを優れたものとして実感することができ、善き生活を送ることができるんです。

つまり、ここには人間の根源的な不自由を——越えるという言葉が適切かどうかは分かりませんが——どこかで越えたと感じることができる瞬間があり、それは「善きもの」、「善」を人間が感じることができるからだ、それを実行できるからだ、そう考えたのだと思います。アリストテレスはおそらく、善を実現することは人間の社会生活の一番重要な目的であるという考え方をしていた。

こう考えてみると、近代的な自由という概念の中ですっぽりと抜け落ちているものは、人間の根源的な不自由を前提とした上での善、あるいは善きもの、優れたもの、美しいもの、こういうものに対して人間がコミットできるという感覚あるいは可能性なのですね。

これは私にとって非常に大きな問題です。おそらく先ほどの、どうして人を殺してはならないのか。殺したければ殺してもいいではないかという問題は、言い換えると、近代人が、善き生き方、善いもの、善い社会、我々が善いものにコミットする可能性、あるいはそういう責務を持っているという感覚を失ってしまったということです。つまり近代社会が失ってしまったものは、ソクラテスの言葉を借りて言えば「魂」なのですね。そしてアリストテレス的に言えば、「善きもの」になります。そういうものを見失ったところから、むしろ「近代の自由」という考え方が出発しているのではないか、ということが私の当面の意見です。そして長谷川さんの話を聞いて感じたことです。

小浜――古代ギリシャでは、善きものと美しいものの実現が根源的な不自由を克服することになる。近代人はそれに対してそうしたものを喪失しているのではないか、というのが今の佐伯さんのお話でした。『自由とは何か』というご本の中でも、ホッブズの人造国家論から始まった近代的な個人は、法とか道徳の関係と切り離されてしまった、とお書きになっていた。古代では個人としてあることが同時にポリスに参加することであり、公的生活の中で善きものを追求して実現していった、しかし近代ではそれが壊れてしまった。

佐伯さんのこういう考え方はよく分かるのですけれども、はたして本当に実際に古代アテナイの社会で全ての人間が、公的生活、善きものを求める生活のなかで暮らしていたのかというと、歴史的な条件から考えてもごく限られた一部の市民だった。そういう現実的条件も、一方で考えておかないといけないのではないか。つまり、近代社会になると、自由市民と奴隷制という社会秩序は崩れ、誰にとっても自由を享受できる条件が熟してきたということが一方では言えるのではないか。

そのように私のほうから問題提起をして、竹田さんには、古代と近代の違いという観点から自由の問題について話していただきたいと思います。

古代ギリシャと近代の共通性

竹田――問題がたくさん出てきて困っているのですが、初めにちょっと前提を言いますと、私と長谷川さん佐伯さんとはまさしく「自由」というその概念について、かなり意見が違うと思います。言葉の概念規定だけでなくて、それを取り上げる問題設定も違っている。その違いが明瞭になればというのが今日の中心的な趣旨だと思うのでできるだけ心がけたいと思います。

そこで、まず「自由」という観念を基本的にお二人は相対化されようとしている。「自由」はそれほど人間にとってよいものだろうか。たしかにそういう考えは自明になっている、つまり近代の自由という観念を我々は自明によいものだと思っているけれども、この考え方にはやはりチェックをかけなくてはいけないのではないかと。私はお二人の考えのある部分には賛成です。たとえば、人間は生まれつき「自由」であるというようないわゆる近代主義的な「自由」の理想化説に私は反対です。しかし逆に言えば、お二人の立場からちょうど反対の側のサヨク的な反資本主義の立場からも、現在の資本主義社会の矛盾の根源は、ヨーロッパ近代にあり、とくに「自由」をその中心観念として批判しようとする趨勢が、ここしばらくとても強くなってきました。つまり現代の批判思想の中では、むしろ反近代、反「自由」の考えが自明になっている面もある。私はこういう思潮に対して、はっきり反対の立場です。

だから、お二人が言われたことのうち、近代の自由が自明になっていて、それがどこから根拠づけられているのかが忘れ去られており、そのことをもう一度きちんと考え直さなければいけないという点については、大いに賛成します。ところがそのあとの、自由という観念をどこから考え直すかという点、そして、近代社会が生み出した様々な矛盾にもかかわらず、自由の確保ということが、現代のあるいはこれからの社会思想の構想という点では、相対化どころかむしろますます重要な、必須の概念になるという点で、やはり大いに違いがあると思います。できるだけ、そのことについて意見の共通点と違いを鮮明にしていきたいと思います。

二つ言わせてください。

一つはプラトンの問題です。私はプラトンという哲学者がとても好きで、自分のことをプラトン主義者だと思っているし、プラトン論も一冊書きました（『プラトン入門』ちくま新書）。哲学者としてのプラトンとソクラテスの偉大な点はすぐに言えます。それまでのギリシャ哲学で、哲学者たちは、世界の原理とは何かという問題をずっと考えてきた。世界は同一的か数多的か、絶対的か相対的か、自然原理はいくつあるか、精神の原理はどうか、というような問題ですが、これは中国哲学でもインド哲学でもそんなには変わりません。一元論―多元論、絶対論―相対論、実存論―客観論、哲学的言語による世界説明をはじめたら必ず出てくるロジカルな難問をずっと論じていた。そこからまた必然的に相対主義、懐疑主義が強力になって、ソフィズムが現われておびただしいスコラ議論に堕していきます。そのときソクラテス―プラトンが登場して、ちょっとまてよ、なぜそもそも世界の「原理」を求めるのか、という問いを提出した。これが哲学の論理の発展の大きな一歩だったわけです。

プラトンの言い分は以下です。世界の原理は何か、世界は一元的か、相対的か、絶対的か、といったことは枝葉末節のことで、そういう論理の枠組みの全体が、そもそも我々がなぜか「真善美」という価値の世界に生きていることから出てくるし、議論の対立もそこに理由をもつ。だから「真善美」とは何か、人間にとって何が最も善きものであるか、あるいは人間の「魂」と「最も善きもの」との関係、これを深く考えるための新しい問いの言葉を作り出さねばならない。それを考えることが哲学の本義だと思う、と主張して「イデア」という極めて風変わりな「原理」を提出したわけですが、私の考えでは彼の直観はきわめて正しかったと思います。

プラトンは、この魂の物語として『パイドン』と『パイドロス』という二つの象徴的な対話篇を書いています。『パイドロス』は何度読んでも大好きですが、『パイドン』はやれやれと思うんですね(笑)。『パイドン』はソクラテスの最期を描いているのですが、その一番のテーマは「魂への配慮」ということです。ソクラテスは例の裁判で死刑の宣告を受け、少しも動じずに毒杯を飲んで淡々と死んでいくわけですが、ここでソクラテスは、人間は、自らの「魂への配慮」によって、その最も本質的な規定性としての死という不自由をも乗り越えることができる、ということを弟子たちに示す哲学的グルとして描かれます。我々はたとえ死という最大の不自由にとらわれるときも「魂への配慮」という一点において、真の「自由」をつかむことができる、というわけです。近世では、ルターが『キリスト者の自由』でほとんど同じことを神への信仰に託して表明し、近代的プラトニズムの先駆けとなりました。そして近代の終わりになって、ニーチェがこのプラトン説を読んで猛烈に怒ります。彼の意見ではこれは完全に顚倒して生の否定にまで行き着いた倒錯的プラトニズムなのです。私はこの点ではニーチェの考えに少し賛成です。しかし、プラトンのために言っておくと、中期の『パイドロス』ではこの過激な顚倒したプラトニズムは、見事に立ち直って、極めて美しくかつ本質的な人間のロマン性の神話になっています。ここでは彼のイデア論の精髄が表現されていると思うのですが、それは今日の話題とは離れるのでもう触れません。

私がとりあえず言いたかったのは、近代の自由がギリシャ的な本質的な自由の思考からは遠いものではないか、という見方もありうるけれど、プラトンやソクラテスが生み出したギリシャ的な魂についての思考は、奴隷制度の上に立っていたとはいえ、むしろポリスという制度が支えた市民的自由によって確保されていた、ということです。

あれほど本質的な哲学者だったプラトンが、なぜ『パイドン』のような、今から見ると極端な「魂」のプラトニズムに傾斜したのか、その感じはこの時代を思うとよく分かります。

ソクラテス―プラトンが生きたのはアテネの退廃期といいますか、まずペルシャ戦役で勝利したあとアテネはデロス同盟などを起点に富裕化して傲慢な態度をとるようになる。ヘーゲル的に言えば、人々とポリスの美しい人倫的一体性が壊れて、金持ちが現われたりソフィストが現われたり、また金持ちに対する民衆の反感が高じたりして具合が悪くなっていく。そこからペロポネソス戦争が起こってアテネはスパルタに負けるわけですが、ちょうどそういう時期に二人は出会います。いわば古典的なギリシャ世界が変質して崩れてゆくときです。

このとき何が起こるかと言うと、これは経済的進展の変化とスピードが大きいところでは普遍的に生じますが、人間生活の中で人間の善や物事の美しさの原理が必ず二つに分裂します。固定的かつ安定的な共同体では、人間生活の善はさほど分裂しない。

役割関係を重んじること、超越的なものへの「信」を失わないこと、そして共同生活における相互扶助、同情と憐憫、友情、勇気、犠牲の精神です。これらは伝統的に「善」と見なされていることで、プラトン対話篇を見るとはっきり分かります。ところが富の原理が急速に入ってくると、人間の善は必ず、そのような共同体的、生活的「善」と、いわば社会的成功ゲームにおける能力、という「善」とに分裂します。要するに、そこでは経済ゲームが共同体の秩序のゲームの優位に立つからです。古い徳や人間の価値は、才能があること、優れた手腕といった能力の前に、置き去りにされるのです。ソフィストが代表するのは、そういう社会の動きが人間に要求する新しい「徳」を表現する技術でした。この退廃期のアテネは、まさしくそういう「善」(プラトンでは「徳」)の分裂が進行してゆく時代だった。

プラトンの思想がむしろ伝統的な徳の思想に近親性をもっているのは、まさしくそういう出自のためだと思います。そして、何を隠そうソフィストたちは、これまでの秩序の一切を精神的自由の本質の中で相対化しようとするポストモダン思潮なんですね(笑)。で、なぜソクラテス—プラトンかというと、このような善の分裂の中で、要するに競争ゲームに勝てばよい、それが優れていることでありそれが善だ、といういわば功利性原理主義がはびこると、善悪の確実な根拠が崩されて、一部の成功者をのぞくと、何のために生きているのだか、一切が曖昧になってくる。もっと端的に言うと、家族や日常生活がはぐくんでいる具体的な人間関係の基本の善と、社会ゲームの善の分裂が大きいほど、人間的な努力の物差しがばらばらになり、人間は世界に嫌気がさすのです。これはとても現代と似ていますね、というより哲学的に言うと、まさしく同一の構造をもった現象なのです。私の言い方では、人間の「ほんとう」が枯れてくる。これは深刻な危機だ、というのが、ソクラテス—プラトンの思想的直覚だった。それで、とくに初期のプラトンは、この危機感から「魂への配慮」を忘れるなというメッセージをやや過剰に押し出すことになったと思います。それは表現だけとると、ニーチェやドストエフスキーやジードやクンデラなどから見たら、まさに耐えられないほど顛倒した「魂のプラトニズム」になっている。しかし、そういう思想が、人間社会の倫理の深刻な分裂の時期に現われるのは歴史的に普遍的なことであり、またとても本質的なことだというのが私の考えです。中国でも、インドやローマでの世界宗教の発生のときにも、同じ構造が見られます。しかし、ここで注意したいのは、まさしくそれは、ギリシャにおける社会的自由の展開の中で、それに支えられて現われてきた思考だったということです。

彼らは当時露出してきた、社会ゲームとしての「自由競争」の中に、人間的価値の分裂の危機を見ていた。しかし私の考えからは、それはむしろ人間精神の本質的な自由の感度がポリス世界の中で彼らのうちに強く生きていたからだと思います。人間的価値の本質を探究する哲学の精神は、本質的に自由な社会関係を前提としているということです。

ちょっとついでに言いますと、私は長い間アリストテレスという哲学者が嫌いだったんですね。すぐ好き嫌いを言うのはよくない癖なんですが（笑）。私はプラトン主義者ですから、善のイデアという考え方は、人間精神の本質を言い当てたもので、今でも、自分がものを考えるときには、必ずいつでも、ニーチェやフッサールとともに考え方の核として入ってきます。「善のイデア」は、プラトンでは「イデアのイデア」、まあキングオブキングスみたいなもので、あらゆるイデアの根拠です。これがいわば「真理のイデア」のように解釈されて、プラティノスを通って中世キリスト教の教説に変形され、ニーチェが言うようにそのまま近代合理主義や実証主義にまでつながってきた。最近だいぶ理解できるようになったのは、アリストテレスは、完全にいわば理系の人なんですね。プラトンの文学趣味がぜんぜん入らなかった。で、「善のイデア」説を、私の考えでは、文学的比喩として取ればよかったのですが、今で言うと、理念実体論（本質実在論）だと受け取った。

アリストテレスはほんとうにまじめな哲学者で、こんな言い方では哲学が泣くぞと考えて、プラトンの文学的表現をすべて哲学的にというか整合的に論理化した。「善」とは、プラトンの意をくめば、あらゆる根拠の中の究極の根拠と言えるものだから、太陽の比喩など使わずに、およそ人間が生活の中で「目的」と考えるものの総体性かつ理念性、と考えれば誰にも理解できるものになる、という具合です。そんな風にプラトンの文学的表現を論理化し、いわば世俗化した。それはすごい力業だったことが分かりますが、しかしその結果、私の見るところプラトンの思想を逆さまにしてしまった。ちょうどマルクスがヘーゲルを逆さまにしたのと似ている。二人とも、これは思想全体が顚倒していると考えて逆さまにしたのだけれど、私の考えでは、もとの形のほうが哲学としてはより本質的で深かったのです。どうなったかの要点だけ言うと、アリストテレスは、近代合理主義につまり幅広い「事実学」にどんどん近づいたけれど、その代わり、プラトンの「本質学」に「事実学」の土をかけてそのエッセンスを完全に見えなくしてしまった。

しかし、その分アリストテレスのすぐれた現実感覚には瞠目すべきものがあります。たとえば彼の『政治学』とプラトンの『国家』を読み比べると、政治に関しては、やはり文系のプラトンはまったくのロマン主義者で、我々にとっては、アリストテレスががぜん光って見えます。彼はプラトンの過剰な政治的プラトニズムをせっせと相対化しますが、これは理があります。プラトンでは人間の生の意味は「魂への配慮」、つまりこの世を超えた至上の「善」へのあこがれ、探究、到達への絶えざる努力のうちにある。この点ではカントとまったく同じです。ここから国家の役割が規定されます。だから国家の統治者は、人間の生の目的の何たるかを知る知者たる哲学者でなければならない。

アリストテレスはこれに反対します。国家や社会の最終的な目標が「善」にあり、多くの人間をなるべく善に向けるよう国家が導く。これはたしかに結構なことで反対するいわれはない。しかし全ての人間が善を「目的」として生きるなどということはとうていできない。ただ生きるために生きているとか、死ぬのが嫌だから生きている、あるいは何か快楽があるから生きる、そういったことも人間が生きる十分な理由である。生を「目的」という項目で考えると絶対的なプラトニズムに陥る。「理由」という項目で考えるほうがずっと実情にかなっている、アリストテレスはそう言います。ともあれ、アリストテレスの政治学を読んでいると、彼がじつに人生の機微を知った人で、プラトンの過激な「善」の思想にいわば赤面し、これを優れたバランス感覚で置き直そうとしたことがよく分かります。

欲望の追求と自己中心性の問題

竹田――もう一つは近代の問題ですが、佐伯さんがどうして人を殺してはいけないのか、という話をされたので、それに関連して話しをさせてください。

どうして人を殺してはいけないのかという問題は哲学ではそれほど出てきません。それは端的に言って二十世紀的な問題、極点までゆきついたニヒリズムの問題で、それまでは人間はそこまでいったことがなかったからです。ただ、プラトンが『国家』のなかで出している「ギュゲスの指輪」という有名な話があります。ギュゲスという王様の羊飼いが、それをはめると身体が見えなくなる不思議な指輪を見つけます。つまり、人から見られなくなり、何をしても人から非難されない、という万能の力を手に入れるのです。そこでギュゲスが何をしたかというと、王様を殺し、お后を拐かして——透明でどうやって拐かしたのかよく分かりませんが（笑）——結局、自分が王様になるという話です。

この「ギュゲスの指輪」についてエマニュエル・レヴィナスが卓抜な説を立てていて、レヴィナスによると、これはつまり、徹底的な自己中心性の可能性の物語であるというのです。透明になるということは、何をしても人から非難されない、自分は人を見ることができるけれども人は自分を見ることができないということです。何をしても人から非難されることがないという、万能の力を得たとき、人は何をするのか。ギュゲスは王になります。王とは世俗の欲望の最高の象徴です。どんなことでもしたいことをすることが許される。自己欲望の極限です。つまり、人間はもし何をしても誰からも非難されないという万能の立場になったら、どんな悪事を犯しても、最高の欲望の対象を手に入れようとする。すなわち人間の本性は、もしその制約を取り払うなら徹底的な自己中心性にあることが分かる。この物語はそのことを象徴している。

なぜ人を殺してはいけないか、という問いにはいくつかの重要な含意がありますが、その中でも重要なのは、もし外側からの倫理的制約が一切なくなったら、そのとき人は「殺さない」というルールの根拠をはたしてもつのか、という含意です。ギュゲスではこれは徹底的な自己中心性の可能性の話になっているけれど、現代の問いが示唆しているのは、むしろ我々が倫理の超越的な根拠を一切うしなったら、という徹底的ニヒリズムの問いです。そして両者はもちろんつながっています。

この問題について言うと、ドストエフスキーの『罪と罰』はまさしく二十世紀的な問題としてこの問題を扱っています。『罪と罰』は、いわば主人公ラスコーリニコフの「どうして人を殺してはいけないか」という答えの出ない問いをめぐる小説だと言えます。しかもそれは、ギュゲスとは違って、単に徹底的な自己中心性の可能性という問題ではなくなっている。注意深く読むと、ラスコーリニコフが置かれた場所は、老婆を殺さなければ自分の生がもうあり得ないという追いつめられた実存の絶望の場所であることが分かります。自分は、もし大学を卒業できなければ、ロシア社会の階層の中で、虫けら同然の最も下層の民衆の場所から一生浮かび上がることができない、ということはっきりとした直感をもっている。ラスコーリニコフは西洋から時代思想として入ってきた合理主義思想を持っていて、道徳も含めてあらゆる法律や掟は単に人間どうしが作った人為的なルールの束に過ぎない、という観念を持っている。そこで彼は自分が金貸しの老婆を殺すのは正義のためだという理論を組み立てます。しかしもちろんそこに欺瞞があることをうすうす自覚している。いちばん核心的なのは、ほんとうに実存の絶望に直面した人間にとっては、人を殺すことが絶対の悪であるという根拠がかぎりなく希薄になるということです。もちろんラスコーリニコフはそれが何か恐ろしいことだという直感をもっているからこそ、この問いを果てなく反問するわけです。

ただ、私の力点は、この小説は、自由が蔓延する現代社会はそのような倫理の根拠が喪失されるニヒリズムの時代だ、ということ以上に、超越的な根拠が失われてゆくことが必然的である以上、我々は我々の倫理の根拠を、内的な仕方で新しく作り上げるほかにはない、というニーチェ的問題を提起しているということです。つまり、まさしくそれは二十世紀的近代の問いとして現われているわけです。近代とは何かはもちろん、いろんな仕方で言えますが、ここでとくに重要なのは、それが何よりまず、個々人の自由の解放の時代だったということです。そして、その中心的な意味は二つあります。一つは個人の幸福の追求。つまり享受の自由な追求が解放されたこと。一定のルールの範囲内で、誰でも自分の自己中心性を追求してよいということになった。

まさしくそのために信仰の自由だとか所有の自由だとかまた様々な人権なども含めて、多様性が許されるようになった。もちろんこれが近代の最大の難問、自己中心性の衝突による「悪」とそれを制御する倫理根拠の希薄化、という問題を生み出すことになるわけです。ただ、もう一つ重要なことがあって、それは善の追求の自由もまた、個々人に解放されたということです。そしてここからも、近代固有のやっかいな思想的問題が現われてきます。

近代的自由のアポリア

竹田――自己中心性の解放、つまり個々人の享受の追求を解放することとの諸結果は、今誰もが意識していることで、競争原理が苛烈になって社会全体がマネーゲームの様相を呈してきます。アレントはこれを公共性の喪失という言葉でいいましたが、むしろ先ほど言ったような共同生活上のモラルと社会ゲームのモラルの分裂がひどくなって、価値が二重化し、善悪、優劣の基準が、ふつうの人間の感度とは逆転するのですべてが欺瞞的に見えてくる、ということが本質的です。その結果が一方でソースティン・ヴェブレンが憂えたようなアモラルで略奪的な闘争本能になり、もう一方でいわゆる倫理の退廃やシニシズムの兆候として現われる。ただ儲けること、競争に勝利することが絶対的な価値であるように見え、共同体、宗教、習俗が保持していたコンベンショナルな道徳の根拠が逆に見えなくなる。「なぜ人を殺してはいけないか」という発問はこの兆候のシンボルであって、その背後に、「なぜ人を傷つけてはいけないか」「なぜ人を欺いてはいけないか」「なぜ人を押しのけてはいけないか」という倫理の問いの全体について、その根拠が希薄化しているという事情があるわけです。

私の言い方だと、これはべつに現代の資本主義に特有のものではなくて、社会の中に価値の規範が二極化したり多重化したときに必ず生じてくる現象ですが、もちろん現在の資本主義はまさしく競争原理を極大化する本性をもっており、それがどこへ向かうのかがはっきりしないためにいっそう我々の不安の感情を深いところでかき立てている。それは一言でいって、我々の中の道徳の感度に対する大きな不安と憂慮として現われるわけで、おそらく長谷川さん、佐伯さんが言われていたことも、そのような意味での近代的「自由」の進展の結果として現われているものへの懸念だと思います。その点でははっきり共通項があるわけですが、ただ私は、時計をもとに戻そうとする試みはまず成功しないだろう、という考えなのです。

ニーチェは「ニヒリズムの克服はニヒリズムを徹底するという方式以外にない」という象徴的な言い方をしました。自由の概念を相対化してこれを抑制するというよりも、自由の概念の本質からいわゆる自由社会の生み出す矛盾を乗り超える要素を取り出そうとしたわけです。哲学者で言いますと、デカルトもカントもそしてヘーゲルに至るまでは、神あるいは至上存在者の観念なしに人間は決して生きていくことができない、と考えていました。だから彼らは教会の神とはちがった形で、なんとか「至上存在」を哲学的に確保しようとしたのです。しかし、現代では、もうこの考えが滅んでしまったことが明らかです。歴史はそんな風に必ず不可逆的に進んでいくというのが私の感度です。

それから、もう一つ近代における「善の自由な追求」という問題ですが、何が「善」であるかについても、各自がそれぞれ勝手に追求してよいということになる。近代以前では、何が「善」かを個々人が決めることはなかった。まず宗教の強大な権威があり、これを支えにして政治的な権威があった。人はこの共同体的な「善」を信仰深く受け入れるか、そうでないかのどちらかだった。宗教的権威に支えられる「善」は基本的に一つでなければならない。それでヨーロッパでは何度も宗教会議を行なって、唯一の善の「正統性」を保っていた。正統―異端というのが、その「善」の設定の基本構図です。ところが近代になって、ギリシャ・ローマ以来はじめて多様な善、善の闘争ということが現われます。その始まりが十六世紀以降の宗教戦争ですね。ヨーロッパでは「善」あるいは「正しさ」の正統性をめぐって二極対立が起こり、そしてこの問いに決着をつけられないことを誰もが知った。ヨーロッパ哲学はこの絶対的「善」の分裂を乗り越える知の試みだったわけです。そしてここからはじめて社会理論と政治思想が現われます。正しい信仰とは何か、という問題は、近代社会では、正しい政治、正しい社会とは何かという問いに置き換えられます。

しかし近代の実証主義的社会思想は、哲学的には、客観的なあるいは普遍的な正しさはいかにして確保されるのか、という根本的な難問を解けなかった。そこで宗教戦争に代わって、近代社会ではイデオロギー対立が生じます。十九世紀と二十世紀は一言で言うとイデオロギー対立の時代ですが、イデオロギーの対立とは、社会的な善の見解の相違を意味します。それは、近代では新しい社会階層が形成されますが、それぞれの階層が新しい社会を担うことができるのは自分たちである、という階層的立場の優位性を主張しあうという構造になる。原理主義的保守から中道、そして原理主義的サヨクまで、マンハイムが分析したように典型的な政治学的類型に分かれます。イギリスやアメリカでは二大政党的対立になりますが、潜在的には保守から急進までという分化はどの近代国家でも構造的普遍性をもっています。二十世紀では、この対立はほとんどの場合、激しい暴力的戦いに転化しました。一番極端なのがナチズムとスターリニズムで、自分たちが代表する政治的「善」の立場から何千万の人間を「悪」として殺しました。十七世紀の宗教戦争では善は二極に分裂しましたが、二十世紀のイデオロギー闘争では善の普遍的闘争は多極化構造になり、近代が「善の追求の自由」を解放したことの必然的帰結と言えます。

しかし注意すべきは、近代のこの政治的善の普遍的闘争が、総じて、あの「享受の追求の自由」からあらわれた近代社会の大きな矛盾を匡正しようとする動機に発しているということです。「近代的自由」は自己中心性の放埒な解放を生み、それはまた倫理性の根拠の崩壊や文化の全般的シニシズム化という兆候をあらわしているわけですが、これを正そうとする試みがまた新しい闘争を生み出してきたわけなので、だから私としては、近代の善のイデオロギー的闘争、言い換えれば、近代的な善の信念対立を克服する原理を見出すことが、この問題を考える場合には核心的である、という考えになるのです。

近代の「正義論」の歪み

小浜――どうもありがとうございました。問題がだいぶ出そろったと思うんですけれども、竹田さんは近代において競争に打ち勝てばいいという考えが支配的になり、競争によって勝者と敗者が現われることが分裂状態を引き起こしたというお話でした。もう一つは善というものは何かという問題。多様な信念が対立していて、これは近代が持っている最大の問題だということです。

長谷川さんが三期のシンポジウムに参加して頂いた懇親会の時に、近代というのは誤解の過程であるとおっしゃったことを鮮明に覚えているのですね。竹田さんのお話にあった、近代において克服課題が現われてきたことに関連させ、近代は誤解の過程であるというのはどういう意味でおっしゃったのか、お話しいただきたいんですが、よろしいでしょうか。

長谷川――それに対する直接の答えにはならないかもしれませんが、私がいま二人のお話を聞きながら考えていたのは次のことです。一見すると、話が古代ギリシャと近代の間を行ったり来たりしているようですが、じつはこの二つは、本質的な意味で似ている時代なのではないか。むしろその間に挟まっているヨーロッパ中世という時代が、何が善であるかとか、なぜ人を殺してはいけないかという問題に対して、例外的に、あらかじめ答えが出ている特殊な時代だったのではなかろうかという気がしています。

そうした問題について、自分自身で答えを出さなくてはいけないという立場に置かれているという意味では、むしろ我々は、古代ギリシャ人たちと同じ場面に立たされているると言えるでしょう。

先ほど竹田さんがおっしゃったプラトンとアリストテレスの好き嫌いについては、私の印象も似ています。アリストテレスという人は読んでいるとじれったくなってしまって、どうしてこの人はこんなに回り道するのよ、と言いたくなる。プラトンのようにずばっと言ってくれるほうが好きだ、という心理は一致しているようなのです。しかし、いまのお話を聞いていて、やっぱりアリストテレスにも近代人として色々学ぶところがあるなあということを思い出しました。

先ほど、佐伯さんが言われた自然状態という言葉、これは非常に分かりにくい特殊な言葉なのですが、自由という問題を考える上でこの言葉をよく吟味してみることはとても大事ではないかと思うのです。例えばホッブズが人間の自然状態といっているとき、どう考えても自然に存在する状態ではないのですね。どんな原始人の未開といわれる状態をフィールドワークしても絶対にお目にかかれないような人間の状態、つまり誰もが人を殺しうる、ということを自由な権利としてとらえうることをもって、ホッブズは自然状態と呼んでいるんですが、じつはこの言葉は非常にアイロニーに満ちている。人間が自然な動物世界から、最も遠くはなれてしまったのが、このホッブズの「自然状態」なのです。

私は先の人間学アカデミーでも人間がいかに動物離れしているかということを話したのですが、動物ならば問題にならないことが人間では問題になってしまうのですね。動物の場合には、神様などいなくてもお互い殺し合いをすることがない。生態学者が調べてみると、雄が新しい群れを乗っ取るときには前の雄の子どもを全部殺すという例はあるようですが、少なくとも安定した群れをつくっているなかでは、その群れの中で同種の動物が殺し合うことはほとんどないのです。我々はそれをいい加減に「動物の本能」という言葉で表現しているわけですが、一口に言えば、「動物の本能」とは動物を縛っているルールです。動物達は神様も契約もなしに、全員が共通のルールに従っているわけなのです。

アリストテレスは哲学者として知られていますが、一口に言えばマルチ学者です。生物学、物理学、天文学、心理学、その他もろもろの学を、すべて一人でやってしまい、そして哲学もやっている。しかしその中でも、アリストテレスの話の端々には生物学者としてのアリストテレスという側面が垣間見えます。先ほど竹田さんがおっしゃった「人生の機微を知っている」というアリストテレス評は、私も同感なのですが、それは生物学者としての側面からはぐくまれたとも言えるような気がします。

つまりすべてこの世界に生まれてきた生物は、誰にどう命令されるわけではないけれども、とにかく一生懸命生きている。ゴチャゴチャ言わずに、ただひたすら生きている。人間だけが、なぜ生きてしまうのか、とかどうやって生きなくちゃいけないのか、なぜ人を殺してはいけないのかという問題に悩んでいる。先ほど佐伯さんから、なぜ人を殺してはいけないのかという類の質問は古代の哲学者たちは本気で問題にしていたんだろうか、というご質問があったんですが、これに近い問題が『パイドン』の中に出てくるのです。

死ぬのは恐くないよ、むしろ肉体なしの魂になることはいいことだよとソクラテスが言うのに対して、では人間はすべからく自殺すべしということなのか、と言う質問が出てくる。ところがソクラテスは自殺をすすめるのではないと言うんですね。ではどうして自殺はいけないのか。これについてのソクラテスの説明はやや分かりにくいんですが、こんな説明をしています。

この世に生きるということは、たしかに肉体という牢獄に閉じこめられるということに他ならないのであるが、そんなふうにしてこの世に生きているというこのことの中には、何か図りがたいとても大事なことが含まれているように思う、――ソクラテスは、こんな表現で言うのです。プラトンも、アリストテレスのような生物学者的な観点からではないけれども、人間が生物としてこの世に生きている、それ以外の条件ではこの世に出現できないということに、ある種の基本的な怖れかしこむ感覚を持っていたような気がするんです。いくら魂を配慮するにしても肉体を完全に侮蔑し、捨て去るわけにはいかない、そんな感覚を残している気がするんです。

このあたりの問題は中世の、つまりヘブライ、キリスト教的な世界観から見ると、問題としてはもう浮かび上がってこないのですね。人間は被造物として神に作られており、全世界をつくり定めた神の法が宇宙全体を律しているのであり、それをどう解釈するのかということに関しては、いま竹田さんがおっしゃった通りイデオロギー対立があるわけですが、いずれにしても、基本としては、神様がいて、そこに全ての善の元があるという根本的な安心感がある。

それが壊れてしまったのが西洋近代です。つまり、単に答えがないのではない。あったはずの答えが壊れてしまったという意識が彼らを縛っている。そのために、古代ギリシャの哲学者たちのように、まっさらのところから正義とは何か、よい政治とは何か、を考えるかわりに、すでに破綻した中世の概念（たとえば「自然法」）をもち出して、それを各人勝手に定義づけている――それが近代の政治思想家たちなのです。私が「近代は誤解の過程」と言うのはそういう意味なので、もっと正確に言えば、「近代政治思想はインチキだらけ」ということになりますね。

竹田さんはややペシミスティックに、それぞれが自分なりのイデオロギーによって、あれが正義だ、これが正義だという対立は、究極において解消しえないという立場をとっていらっしゃるようにも聞こえたのですが、その点に関して言えば私はもう少しオプティミスティックなのです。もともと近代の「正義論」には、出発点からの歪みがあるわけで、それが様々な対立のもとになっているわけですから、その一つ一つの議論の綻びを指摘してゆけば、少なくとも古代ギリシャの哲学者たちと同じ程度の公正な探求はできるだろうと思うのです。

小浜さんのご質問への答えになっているかどうか自信はありませんが、佐伯さんと竹田さんのお話を伺っていてそんなことを感じました。

ルソーの一般意志をどう読むか

小浜——はい、けっこうです。いま長谷川さんから、近代のイデオロギー対立に対して竹田さんはペシミスティックだというご指摘がありましたが、私の理解では竹田さんは必ずしもペシミスティックになっているのではなくて、ヘーゲルの自由の相互承認という考え方とルソーの一般意志が、そういう混乱を克服する道であろうという提言をなされていると思います。その意味では長谷川さんとそんなに違わないのではないでしょうか。

時間も過ぎてきましたので、このあたりで社会論的なテーマに話を移していきたいと思います。

国家と個人、人権、自由という近代社会思想は、ホッブズ、ロック、ルソーという社会契約論的な流れのなかで考えるのが定石になっているんですけれども、今日来ていただいた御三方は、ホッブズ、ロック、ルソーに対してそれぞれ違った解釈をなさっています。

長谷川さんは、人権概念の乱用を引き起こした元凶はロックであって、ロックはインチキなペテン師だと言われていますね（笑）。それから佐伯さんは『国家についての考察』のなかで、ルソーは、人間は国家のために命を進んで投げ出すものだと薦めている、一種の全体主義の傾向をもっと批判的に捉えていらっしゃる。竹田さんの場合は先ほどから言っていますように、ルソーの一般意志以外に近代のアポリアを切り開いていく原理はない。ロックはホッブズの徹底性に比べると少し後退しているという理解を示されている。その辺が大変錯綜しているんですね。

時間が余りないのですが、佐伯さんと竹田さんのルソー評価を巡って議論していただくと面白いのではないかと思うのです。佐伯さんからお願いします。

佐伯——細かい基礎的な話をしても時間もありませんし面白くもないでしょうから、簡単に少し強引に私自身のルソーについての論点を出してみます。私は、ルソーはこういう人だと思っているのです。

まず、ルソーは古代主義者です。古典古代的なものに対する愛好の強い人で、彼はどういうわけか啓蒙主義者の中に分類されてしまっていますけれども、ヴォルテールとはずいぶん体質の違う人ですし、少なくとも近代的な新しいタイプの社会に嫌悪感を持っていた人だというのはまず間違いないと思います。それよりは、古典古代的な世界のほうに対する憧憬の強い人です。

これはルソーに限りませんが、先ほどの近代とは一体何かという話なんですけれども、私の理解では近代をつくりだした一つの重要な柱は、古典古代的な政治思想のリバイバルなのです。私はそう考えているんです。典型的なのはいわゆる共和主義というものです。ポリス及び古典ローマの共和主義的なモデルが、近代に入って強く参照される。十七、八世紀のイギリスでは非常にはっきりしています。アメリカの独立革命でもそうです。ルソーの思想的な系譜はまずそう理解すべきだと思う。

古典古代的な共和主義というのは何か。共和主義はリパブリカニズムですから、公的なものが非常に重視されます。私的なものよりも公的なものが重視される。公共的な善のために私的な個人的利益は犠牲にすべし。基本的にそういう考え方です。しかしそのためには、それなりの義務感、責任感といった独特の徳性が要請される。その徳性を持った者が「市民」です。その意味での「市民」が対等な関係を結んで、政治的な事柄、あるいは国家的な事柄、公共の事柄に対して責任を持って管理する。これがリパブリカニズムの基本的な精神です。ルソーはその精神を近代に復活させようとしたのです。近代社会はもちろん古典古代と違って、そういうものを論理的には再構成しない。従ってそれを論理的に再構成するために作り上げたのが社会契約論なのですね。だからルソーの契約論は、ホッブズやロックのようなアプリオリな自然法や自然権に基礎をおかず、諸個人の共通の利益を実現する一般意志というものに基礎をおくわけです。

一般意志という観念は非常に分かりにくいものですが、少なくともこういうことが言えると思うのです。一般意志というのは全体意志と違って、全ての人が共通に持っている。全体意志は多くの人の意志を足して合わせたようなもので、足し合わせてこれが全体だよ、と強引に押し出してしまうのが全体主義です。ところが一般意志はそうではなく、全ての人々が基本的にそのことについて同意しており、そのことに対して意見が一致している。一般意志を守ることによって根源的な自由を保持しながら、しかも社会状態にはいってきて、その自由をより発揮できるようなものだと言うわけですね。これは非常に分かりにくいです。分かりにくいですが、私の解釈では一般意志をもう少し具体的に表現しようとすれば、社会そのものを作り出す一番基本にあるもので、人々が社会を作り上げる契約のためにもっとも突き動かされるものなのです。

ところで社会とは、自然状態での生命や財産の危険を避けるためにつくられる。だから社会形成の最も根底にあるものは共通の利益と関心において自分たちの生命や財産の安全を確保すること、おそらくその一点です。つまり、一般意志として基本的に言えることは、共通に自分たちの生命や財産の安全を確保するという共同利益のためには、私的な部分意志を自ら放棄する。それがルソーの社会契約論の中での一番重要なポイントだと私は思うんです。むろん、多くのルソー解釈は一般意志を立法行為とか人民の意志の発現と解して民主主義的政治を一般意志と等置してゆくのですが、それは二義的なことです。むしろ、民主主義と一般意志を結びつけた時、先ほど小浜さんがおっしゃったような、ルソーは一種の全体主義的な思想家であるということになる。

ついでに言うとですね、我々は民主主義と民主政治というものを、何となく誤解してしまっているんですね。一緒くたにしてしまっていますけれども、これはやはり分けて考えるべきで、デモクラシーというのは「デモ・クラシー」ですから、要するに民衆による統治という意味です。これが民主政治ですね。これに対して、民主主義はあくまで理念であり「主義」ですから、英語で言えば「デモクラティズム」とでも言うべきものです。デモクラシーはあくまで民衆による政治的な支配という意味なんです。それだけの意味なんですね。

言い換えれば貴族政つまりアリストクラシーなどと対比された意味での民衆による統治、それがデモクラシーなんですね。その意味で言えば、ルソーは民主政論者というよりもむしろ貴族政論者です。貴族主義的な政治形態のほうがまだいいだろうと考えている。民主主義は人々が神のような理性を持った存在であれば成り立つけれども、そんなことは不可能である。政治形態について言えば、ルソーは民主主義者ではない。そう私は理解しています。

しかし、根源的な共和主義的精神と民主主義的な精神を近代人は一緒くたにしてしまったため、ルソーを、根源的な社会契約のレベルから政治形態も全て含めて民主主義者にしてしまった。そうすると根源的な一般意志の問題が現実の政治レベルに置き換わってしまって、現実の政治的な決定にすべて一般意志が反映されてしまう。しかしそれは全体主義なんです。

そこを誤解しなければ、つまり古典的な共和主義を復活させようとした、それが社会契約のロジックであるという面と、政治形態としての民主主義を区別しておけば大きな問題はないと言っているんです。

カントの「内面的善」の概念

竹田――ルソーについては、しっかりやろうとするとたくさん対立点が出てきて、とうてい短い時間ではできないと思いますが、しかしとりあえず、私が特にルソーの「社会契約」と「一般意志」の概念をどう受け取っているかを話してみます。かなり佐伯さんの理解とは違いがあります。ルソーの性格はまさしく佐伯さんが言われたように、ギリシャ世界に憧れ、しかもアテネよりもスパルタのほうが好きで古典的理想を復活しようとした面があるというのは同感です。しかしそのこととルソーが近代政治思想として提示した原理をどう受け取るかとはちょっと別だというのが私の理解です。

まず一般意志の概念の内実ですが、少し手順があって、カントの道徳思想から始めます。カントは『実践理性批判』において近代人にとっての道徳の本質を定義しようとしました。細かい内実ははしょって、結論的に言うと、カントはまず「善」とは何かは、理性によって考えれば厳密に定義可能である、と考えた。もちろんカントは宗教における信念対立をよく知っているし、その後の近代哲学者たちの「善」についての本質議論の対立もすべて勘定に入れている。みんな真の「善」についてあれこれ言っているが、自分はこの問題について一つの普遍的原理をつかんだ。それでこれまでのいろんな対立は終わりになる、そういう確固とした直観からカントは出発しているのです。

カントのその定義というか答えは、例の定言命法、「君の意志の格律が、常に同時に普遍的立法の原理として妥当するように行為せよ」というものです。これをふつうの言葉に翻訳すると、君の主観的な「よい」という行為基準が、客観的、普遍的な「よい」の基準に一致するならば、君の行いはつねに正しい、ということです。今から見るとこれはほとんど同義反復に聞こえます。しかし当時の思想状況から見ると、きわめて深い意味をもっていた。つまりカント道徳思想の一つの重要な含意はこうです。宗教的信念者、スコラ哲学者、近代哲学者たちのすべてに言いたい。君たちはみな自分の信念の「正しさ」をはじめから暗黙のうちに信じ込んでいる。しかしそれはみな「主観的正しさ」(=格律)にすぎない。それが客観的(普遍的)であるという保証のある場合だけその正しさを実行したまえ、さもないと、正しさの信念による普遍的戦いがこれまで通り延々続くことになる、と。

カント道徳哲学のもう一つの大きな功績は、「善」の内実を、教会の聖なる教えから完全に切り離して、理性の推論だけからアプリオリに演繹できるものとして示したことです。これが彼の「アプリオリ」の中心的意味です。善を個々の経験や感情から引き出すととんでもないことになる、というのです。カントはそれをすべての人の完全に理性的存在として生きる「目的の国」という理念として示しますが、その意味もなかなか深長です。多くの人が自分の「正しさ」「善」についての感度をもっている。しかしそれらは様々な場所で互いに矛盾、対立を生じる、それが近代社会の必然です。ではどう考えればよいか。答えはただ一つしかない。各人が善と考えるところのもののうち、共通善、つまりそれを誰が実行しても決して社会に矛盾をもたらさず、むしろ社会全体の善を促進するような善だけが普遍的、客観的善と言えるものである。そして人間の理性は必ずそれを演繹できる、ということです。これがカントの定言命法の中心的な思想的含意です。この考えが、近代社会の善についての信念対立を克服する思考のはじめの一歩だったことは明らかです。まさしく時代がそういう思想を必要としていたので、それでカントは近代哲学の二代目のチャンピオンになった。

しかし、この善の定義はまだきわめて抽象的です。思考としてはたしかにはじめの原理をおいた。「真理」という考えではなくて、「善の普遍性」という考えです。でも、では近代社会がどこに向かうべきかは、何も示されていない。後にヘーゲルがカントのモチーフを改訂します。それは私の考えでは「一般福祉」あるいは「普遍福祉」という考えですが、これは少しあとで言います。

さて、それでやっとルソーになります。ルソーは時代的にはカントの前です。そして、カントが人間の内面的善において言ったことと同じ発想を、いわば社会的な善において先んじて示していた。私の感度では、むしろルソーが一歩進んでいて、カントがそこから核心的な影響を受けているはずです。ルソーの思想がカント思想の社会化ではなく、カントがルソーの社会思想の原理を内面化してたどったのです。

一般意志と国権の問題

竹田——ルソーの社会契約、一般意志の概念は、一般には、自由な個々人が一挙に契約をして自分たちの政府を設立する。それが近代社会の創設の理念であるという形で言われています。この理解がとくに間違っていると言いたいわけではないですが、私の観点から言うと、ルソーの考えにはもっと重要な思想的意義があります。一つは、ちょうどカントが自分の道徳哲学で、自分は時代のそれまでの問題を終わらせるに足る決定的な原理をつかんだと考えていたのと同じく、ルソーも自分は一つのいわばコツンと底まで届くような社会原理をつかんだと考えていた、ということです。彼は『社会契約論』の冒頭でこう書いています。「人間は自由に生まれたが、いたるところで支配形態がある。なぜこうなったのかは自分は言えないが、およそ政治統治があるかぎり何がそれを正当化＝合法化するか、という原理については、自分は答えをもっている」と。この言い方はとても象徴的ですが、じっさい『社会契約論』を読んでみると、ルソーがその原理をはっきり自覚的につかんでいることがよく分かります。ただ、かなり文学的表現が錯綜しているので、そう簡明には読み取れません。間をはしょって言うとこんな感じになります。

一つは、社会契約の概念ですが、この考えは個々人がもともと「自由」であるとか、原始契約など事実としては存在しないという批判がいろいろありますが、私に言わせると、それは本質的な批判にはならない。この考えの中心にあるのは、まず近代社会では基本的に各人は自分の利害をもつようになる、ということです。各人の善の追求が解放されるように各人の利益追求の自由が解放される。もっと言うと、近代社会の生産性の発展は新しい多様な社会階層を生み出します。そしてそれぞれが自分の利益を主張しはじめる。ルソーの時代はすでにそういう時代だったし、とくにジュネーブはそういう新興都市でした。この主張は封建特権の主張と違って王という裁定者、調停者をもちえない。近代の自由はこの自己中心性の放埒な解放からくる混乱を必然的に帰結するので、王のようなあるいは神のようななんらかのメタレベルに立つ調停者、裁定者が必要だというのが保守的な思想の基本線ですが、人間の自由の広範な自覚の拡がりはもう存在超越的な裁定者を許容しない。すると信念の対立ではなく、赤裸々な利害の対立が露呈してくる。各人の自由を絶対的に抑制することはもはや不可能である。したがって各人の自由を確保しつつつまり専制的な仕方ではなくこれを調停する統治の原理は一つしかない。各人のバラバラの利益の中から共通利益の部分を取り出すことである（ちょうどカントが「共通善」を定義しようとしたように）。各人が自由に自分の利益を追求できること、これが最も基本的な共通利益ですが、この共通利益だけを統治原理とする政治体は、強者を王と認める覇権の原理ではなく、また王の権威を固定化しようとする神聖権の原理ではなく、人民主権、すなわち社会成員の合意による社会契約の原理だけである。ルソーはこの原理を古い共和制の名前で呼んだというのが私の考えです。これがルソーがつかんでいたもので、するともともと個人は自由ではなかったとか、原始契約は存在しないとかいう批判は的をはずしていることが分かります。

これを一般意志の概念とつなげてみるともっとはっきりすると思います。ルソーの前にロックがいますが、私は近代社会思想としてはロックよりもホッブズが圧倒的に重要だと考えています。ホッブズについても簡潔に私の理解を言っておきます。ホッブズのテーゼはなんの統治もない状態では、人間は生存と財の維持のためにそれぞれが個別の力に頼るしかないという普遍的闘争状態にあるということです。彼はこれを、万人の万人に対する戦争、自然状態、自然権という言葉で呼びました（ヘーゲルはこれを「主と奴の関係」の概念で言い直しますが）。ホッブズはこれを克服する原理はただ一つだけで、万人の個別の力のメタレベルに立つ統治主権を打ち立てることだ、と言います。今から見れば極めて簡明この上ない原理ですが、戦争は総じて神の御心であり、しかもそれぞれが自己の絶対的正しさを信じていた時代では、これは考え方の画期的な革新だった。ホッブズはこの理論をイギリスの王権を擁護するような仕方で言ったのですが、そういう時代背景を取り外すと彼の原理は、象徴的に言うと「覇権」の原理の理論化だと言えます。覇権の原理とは、つまり最強者が王（統治権限者）と見なされるという原理で、歴史的には動かしがたい事実です。

　これはたとえば全国高校野球甲子園大会をイメージするとよくイメージできます。全国から何十校もの「我と思わん者たち」がエントリーして覇を競います。基本的に勝ち抜き戦で、個々の実力をもった地方将軍たちが戦いあい、敗者は殺されたり没落して典型的には最期の決戦にまでいきます。秀吉と家康みたいなものです。この決戦で最後まで生き残ったものが「王」になる。そこではじめて彼を王とみなすほかないという人々の合意が現われるからです。最強者が王と見なされ、彼が統一権力を把握してはじめて統一ルールがしかれ、ようやく私闘がやむ。こうして、万人の万人に対する戦争状態が収まるのです。しかし問題は歴史的にはそれは必ず絶対支配体制になるということです。あとはその王が善王か悪王かという話になるけれど、これは覇権の原理とは別の話です。ともあれしかし覇権の原理は、きわめて不安定な原理です。最強者の原理とは、つまりもっと強いものが出てきたらこれに取って代ってよいということで、だから社会体勢の変化はつねに政治の不安定をもたらします。どんな国家でもこの理由で統治の安定のために王の権威の強化を目指しますが、ヨーロッパでは王の神聖権の考えが次の一歩です。ホッブズが基礎づけたかったのは王の神聖権ですが、それを教会の教義からではなく、まさしく理性の法（＝自然法）として基礎づけようとしたのがホッブズの独創だったといえます。

　さて、ルソーの「一般意志」ですが、これは私の考えでは、統治者の統治権限の原理をどう考えるかということです。たとえばバートランド・ラッセルなどはこの概念を政治統治を絶対的に正当化する説で、全体主義的な思想の源泉になっていると批判していますが、まったく的がはずれていると思います。覇権の原理は、最強者が決定されてはじめて統一権力が成立するということであり、古代帝国は秦の始皇帝にせよ、インドにせよペルシャにせよエジプトにせよローマにせよ、必ず大帝国の成立にまで、つまり統一支配の限界線のところまで行き着いて収まります。これは現代の資本も普遍的闘争なので同じ原理をもっていることが分かりますが、それがなかなかやっかいなのです。ともあれ、覇権の原理では統治権限の正当性は誰が最強者かという点にあるので、なんの問題もない。それで、王権はたいてい単なる最強者原理ではなくこれを安定性のために血統原理に置き換える工夫で補強されますが、きわめて不安定です。そこで教会の神聖権が現われていわば幻想的な合意を作り出してこの弱さをさらに補強します。ルソーが主張したのは、近代ではこの幻想的合意はもう成立しなくなる。そこで万人が自分の利益追求を確保しつつ万人の闘争状態を脱するには、この共通利益の確保を全員の合意で行なうしかないということです（この場合、君主制を設立することも可能だが、その基礎は全員の合意に置かれます）。重要なのは人民が偉いとか、個人はみな自由だ、ということよりも、いったん自由の意識が展開すると、もはやどんな幻想的合意も成立しなくなる、という点です。そこで一般意志ですが、たとえばラッセルの論理は以下です。一般意志は過たない、政府は一般意志を代表する、ゆえに政府はつねに正しい、これがルソーのロジックだ、とラッセルはいうのです。ところが社会契約が各人の異なった私的利害から共通利害を確保する唯一の方法であるとするルソーの考えからは、そういう考えは背理的です。ルソーの主張は、一般意志だけが近代社会の唯一の統治原理である。だから政府（統治権力）はつねに一般意志だけを代表しなければならない（特殊利害を代表してはならない）。したがってそれを代表できない場合は政府はその正当性において失格する。これがルソーの一般意志の概念の中心的主張です。

ここから政治思想についてきわめて大きな射程が出てくるのですが、とりあえず一つだけ言います。

ルソーについては、ロックと並ぶ現代デモクラシーの思想の基礎をなす思想であると言われる一方で、先に少し挙げたようないろんな批判も受けている。しかし、私の観点からは、ルソーは近代社会にとってこれ以外にはないという新しい政治原理を出したし、しかもこれは政治原理として今のところ依然として最先端で、誰もこれを越えて進むことはできないということです。今の時点からは、共和政や民主主義の概念がある意味で自明になってしまっており、しかもそこからいわば「自由」の弊害が多く現われているので、ルソーの自由な個人による自由な契約という考えは一種理想主義的なものにすぎないという考えも出てくる。しかしこれは正反対で、ルソーの考えは、各人の「自由」の解放がもとに戻せない歴史の必然的な進展であると考える限り、近代社会の政治原理はこれ以外にはありえない、という確然としたものです。歴史的には覇権の原理はあまりに不安定なので必ず権威づけられた王権という形をとってきたけれど、キリスト教のようなこの権威づけの共同的幻想がいったん崩壊するともう何を持ち出しても多様化するだけで、やはり普遍的闘争になる。各人の「自由」の確保をもとに戻さないかぎりは、もう多様な私的利害から共通利害を取り出してこれを政治権限の根拠とする以外にない、ということです。それはたとえばロック的な、すべての人間は生まれつき自由なのだから、皆で仲良く平等にやりましょうといった理想主義的な民主主義の概念とは違うのです。むしろそれは簡明な哲学的原理で、「善」が自由競争になったとき善の普遍的闘争が生じるが、これを調停する原理は「普遍的立法」という概念しかないというのがカントの思想だとすると、「享受」の追求が自由競争になれば利害の普遍的闘争が生じるが、これが覇権の原理に逆戻りしない原理は一つだけでそれは「自由の相互承認」しかない、という考えなのです。

ヘーゲルに、原理のないところでは「悲劇」が起こるという言い方があります。ギリシャでは、神の掟と国の掟を調停する原理が存在しなかったために、アンチゴネーの物語、つまり家の倫理と国家の倫理の対立と葛藤は悲劇になるほかないということですね。それで言うと、近代以前には、統治の原理として、覇権の原理とその変形としての王権＝神聖権の原理しかなかった。我々は現代の観点から、しばしば覇権の原理はけしからんと言います。徳川家康のような力による至上権は嫌われ、敗者がつねに同情される。しかし近代以前では、覇権が成立しなければ戦乱と混乱が続いた。戦国時代では、圧倒的覇者が現われることだけが人々にとって大きな希望だったわけです。この原理も現代でもまったく有効なものとして生きています。つまり人民主権の原理が成立しないような国家や社会では、覇権の原理しか普遍的戦争状態を克服する原理が存在しない。我々はそれを実効権力と呼んでいる。私はもちろん人民主権が最も矛盾の少ない政治原理だという考えですが、しかしたとえばアフリカの諸国などでは人民主権が成立する条件が満たされないために、まだ今のところ覇権だけが戦争状態を克服する有効な原理です。覇権の原理はいけないと言っても意味がなく、それしかないところでは、それが唯一実効的な方法です。ソ連でも巨大な共産主義権力が崩壊したあとは、実効権力がなくなるためにすぐにマフィアとか地方ボスが出てきて覇権をあらそうようになる。ただ覇権の原理は統一的政治統治を目指しますが、我々がそれを歴史的に評価できるとしたら、その政治支配が固定的な階層制や差別を作り出すか否かという点です。固定的階層を作り出す統治は統治の失敗だと言える根拠が歴史的にはあるのです。

ともあれ、ホッブズが明確化した覇権の原理を古い原理と考えるのはひどい間違いであって、それは現在の資本主義社会の資本の闘争においても原理として生きていきます。これを勘定に入れない政治思想は理想主義を出られず原理を前に推し進めていくことができない。なにもないよりは覇権の原理がなくてはならない。しかし覇権の原理は必然的に絶対的支配の形態にいきつく。ルソーは人間の歴史の中でその先に出ていく原理を、はじめて思想化して提出したのです。そもそも近代社会以外には万人の自由を解放できるような条件をもった社会はかつて存在しなかった。それは思想の問題ではなく、なによりまず人間社会の生産力の問題だからです。しかしそれがいったん一定のレベルに達して不可逆なところまでくると、どうしても新しい統治の原理が必要になる。ルソーはそれを原理として提出した。私の言葉でそれをもう少し進めると「自由の相互承認」という概念になります。なるほどこの概念はちょっと誤解を生みやすい。現代社会の問題はいわば「自由」の行き過ぎというところにあると誰もが感じているから。しかしその行き過ぎを統御できるとすればこの統治原理を逆転させることではなくて、それを徹底させることだ、というのが私の考えなのです。

尊厳の承認と国家に命を投げ出すこと

長谷川――一言。さっき竹田さんは、近代の話になると佐伯さんや私と大きく違うというお話だったのですが、聞けば聞くほど百パーセント同じだなという印象を受けています。ただ、私自身の好みから言うと、ルソーの一般意志とかカントの善という言い方よりも、ホッブズの人間の平等論のほうがピンとくる。彼の言う平等は、誰もが誰によっても殺されうる、そういう平等であって、そこから出てきた共通の恐怖によって共通の力を作らざるをえなくなる。こういう言い方のほうが、露骨なだけに迫力があります。その〇・五パーセントの好みの違いを除くと、完全に同じかなという感じなので、あとの二時間で違いをつくらなければいけませんね（笑）。

佐伯――せっかくのこういう機会なので、一人で長く話さないで少し短めにして議論していったほうがいいと思うのですが、いまの竹田さんのおっしゃったことは、社会思想史をやっている人間ならば誰も反対しないですよ。

竹田――だといいんですが、私はけっこういつも反対されるんですね（笑）。

佐伯――しかし私は基本的には何の異論もないですよ。ただ、問題なのはむしろこういうことだと思うんですよ。

ルソーの一般意志の解釈のところで、一般意志そのものは非常に抽象的なもので、統治権を与えるものは一般意志だという言い方をされたんですね。それからカントのところでは、道徳律を与えるものは理性であるとおっしゃいました。それは抽象議論としてはその通りなんです。そこに近代的な意志の一つの典型があるというのも全くその通りだと思うんですね。

問題なのは、例えばルソーに即して言うと、一般意志というものは同時に共同体に対して自己を与えることを要求する。こうして共同体は一つの政治体制を作るわけです。つまり国家というのは簡単に言えば、一般意志の名において、個人の生命の与奪権を持つわけです。そうすると国家というものが一方でできあがり、その人間が一般意志の主体としての主権者である。このとき、一般意志が統治権を持つというときに、個人と国家の関わりは一体どういうことになるのか。力による覇権であろうと、共同の合意による統治権であろうと、主権というものは、シュミットではないですが、諸個人の生命の与奪権をもつ。そこを具体的にどう考えるかです。

たとえば一般意志の中から、竹田さんがおっしゃるようにルールとしての公平性だとか、相互承認というものがでてくる。あるいは法律の普遍性ということを考えたとき、それはそのとおりです。問題なのは、同時に共同体の中に入っている個人が、自由の相互承認にしろ、財産権にしろ、それから法律にしろ、それらを具体的に守っていくためには主権性の発現としての国家というかたちを取るわけです。国家による権力の発動というかたちをとらざるをえないんです。その場合、個人がその国家による権力の独占といったいどういう関係をとるのか。そのことが近代の基本的な問題だと思うんですよ。

さらに言いますと、そこでホッブズの問題を出されたときに一つ重要な問題があって、おっしゃるようにホッブズは、暴力を正当化しないと自然状態に戻ってしまう、自然状態よりは中央集権的な暴力装置を合意によって作ったほうがまだましである、つまり国家を作ったほうがまだましだ、というロジックを述べた。そのとおりです。

そのとおりなんだけれども、注意すべきなのは、ホッブズが、重要な問題はあくまで生命の保存であるという考え方から出発していることです。生命の安全こそが何よりも優先される。だから国家というものの一番重要な役割は人々の生命身体財産の安全を確保すること。それが政府の一番重要な役割なんです。そのために政府が権力を持つ、というのがホッブズの基本的な考え方です。

近代社会というものは、竹田さんの言うとおり暴力の最小限の公的装置によってなりたっている。その最小限度の暴力を国家が行使するのは、人々の生命財産を保持する。言い換えると人々の生命財産に対する欲求こそが近代社会の最も基本的な条件である。人々はそのことに関しては共通の利益関心が向けられているという考え方がそこにはあるわけです。

ところが、もう一つやっかいな問題があって、竹田さんもおっしゃったようにヘーゲルの問題です。ヘーゲルには非常に古典主義的な面があるのです。つまり承認に対する要求は、ただ生命財産の保持だけではない。ヘーゲルには非常に強い古典的な面、ギリシャ・ローマ的な人間像があると思うのですが、それは人間が誇りをもって生きなければならない。その誇りというものを人々から承認されなければならない。つまり、ただ生命財産の保持だけを求めて奴隷のように生きるのではなく――そういう面もないわけではないのだけれども――やはり主人として生きることが望ましい。生命財産だけではなくて、尊厳をもって生きなければならないし、その尊厳を承認されなければならないのです。

問題は、尊厳を維持するためには、自分の生命を投げ出さなければならない可能性があるという点です。ヘーゲルには明らかにそういう点がありますし、アダム・スミスにさえもそれが言えるのです。実はホッブズにもそういう面はある。人間が自然状態で死を恐れるのは、ただ死ぬことではなく、闘争に敗れて殺されること、つまり不名誉に死ぬからです。そこが近代社会のやっかいなところで、ルソーにも明らかにそういうところがあるのです。

だから近代社会の最小限の権力を持った国家と、人々の生命財産の保持という近代国家のロジック、この近代国家のロジックを成り立たせるためには、逆に市民は時には生命を投げ出さなければならないということ。これはむしろ古典古代から引き継いだロジックがそこに入り込んでいるのですね。その二重性を見ないと近代国家は成り立たない。私はそう思うのです。

ルソーとヘーゲルの「国権主義」の時代性

竹田——その点に関して言うと、たしかにルソー、カントはよく国家主義者だという批判をされます。国家や政府を擁護しすぎているのではないか、国家権力を大事にしすぎているのだ、と。反国民国家的な主張を強く言う人たちの観点からは、彼らはとても古典的に見えるわけです。しかし、私に言わせれば、ルソーやカントやヘーゲルが、国家の存続を社会思想の中心におくことはごく自然で、さきのような批判は事後的な批判というほかはないと思います。ヘーゲルで言うと、彼の場合ちょうど二十歳前後で隣国フランスで革命が起こりこれに熱狂します。しかしそのあとまもなくロベスピエールの恐怖政治が起こるのを見、王政復古があったりナポレオンが登場したりします。一方でドイツはまだ統一国家が成立せず、封建領主勢力、教会勢力、そして商業都市勢力がせめぎあっている。その時すでにフランスとイギリスの間で国家利害を巡る緊張関係があり、ナポレオンはフランスの国益を代表してどんどん外へ出て行くという政策をとり、事実ヘーゲルがイエナ大学で『精神現象学』を書いていたときに、イエナはナポレオンのフランス軍に占領される。まだ近代国家は創世期で、ドイツはおろか革命を起こしたフランスですら、反国家どころか、どうやって自分たちの国家の基礎を固めるかという大きな課題を抱えていた。フランスはその後神聖同盟に取り巻かれて何度も存亡の危機にあい、ドイツはなかなか統一国家さえできない。そういう中で、ルソーやヘーゲルが近代国家の存立ということを最重要視したのはごく自然のことなんですね。

私はもちろん、近代国家の基本理念は市民の一般福祉という点にあるという立場ですから（これはその内実の微妙な差はあれ、ホッブズ以来、ルソー、カント、ヘーゲル、そしてミルにいたるまでみな同じで、『法の哲学』のヘーゲルだけ少しニュアンスを違えます）、国家を最上位におく考えにはまったく同意しませんが、それでもロジックとしては、国権と民権を二極においてこれを対立関係として捉えるような考え方は皮相な見方だと思います。近代国家の基本は、絶対王権から自分たちの自由を解放して人民による政府が法律によって自由を守る国家を作ったということであり、そうである以上、国家の存立が脅かされたとき、自分たちの国家を守るコストを自分たちで負担するということです。ルソーの国家の強調の背後には、まだカトリック的後進性の中にあるフランスの人民が、いかに自分たちの手で創出した国家を守ることができるか、という難問があり、ヘーゲルの『法の哲学』における「人倫国家」の強調の背後には、いかに様々な政治思想の対立と分裂の中でドイツを統一的な近代国家として打ち立てられるか、という難問があったわけです。近代国家の苛烈な競争から現われた二十世紀のナショナリズム国家の権力を批判するのはもちろん必要なことですが、そういう反ナショナリズム国家の文脈からルソーやヘーゲルの社会思想を批判するのは、思想的にはきわめて素朴な態度です。

ただ、そのことと、国家の根拠を人間がいざとなったら命を投げ出すべきその理由と考えることとはまた別だと思います。さっき言いましたが、一般意志は、多様な利害を前提とした上で、そこに共通利害を見出すことで現われるものです。近代国家の根拠は「一般意志」だとすると、そのために犠牲になる覚悟をするというのは共通利害を守るためのコストであって、国家の危機存亡のためにはそういうケースが出てくるのは当然です。しかし、国家というものにそれ以上の実体を置こうとする考えは、安定化のためには必要な方策ですが、原理としては成り立ちません。もしそれを作り出そうとすると、近代国家の本質である自己中心性の解放ということと正面からぶつかってしまうからです。自分たちの自由の国家だからこれを守るにはコストが必要だ、という考えと、国家は命をかけるにたるその理由であるという考えの間には大きな隔たりがあると思います。原理として存在しない契機を作り出そうとすると必ず反対勢力を作り出すことになります。二十世紀のナショナリズム国家は、なんとかそういう実体性を確保しようとして格闘してきましたが、それに成功するような国家は結局なかったと思います。

国家を正当付けるのは社会契約か暗黙の支持か

小浜——第一部の時間がだいぶ過ぎているのですが、私から二点ばかり。

佐伯さんの国家論に触発されたところがありますが、ルソーの一般意志の原理は抽象的な政治原理としては誰も反論し得ないものを持っている。しかし、あらゆる国家に領土があり、国民があり、風土があり、具体的・生活的な背景やある地域に固有の伝統が含まれていますね。一般意志を原理としていっただけでは、一般意志そのものをこうした特殊な要素がいかにして支えるのか、という点までは展開できないのではないかという疑念が一つですね。

もう一つは、竹田さんのヘーゲル理解は『精神現象学』を中心になされていますね。『法哲学』になるとヘーゲルも老成したのかもしれませんが(笑)、『精神現象学』では「道徳」に対して「良心」を最高のものとして置いたのが、『法哲学』では「良心」が少し「道徳」の地位にまで押し下げられています。共同体の人倫精神というものをそれよりも上位におくわけです。そしてその共同体の人倫精神が最も良く具体化されたものとして国家があるという考えだと思うのです。私は保守的かもしれないけれども、この考え方のほうが、国家というものの我々にとっての存在価値を具体的に指摘していると思うのです。国家を具体的に支えるのは、我々の良き慣習といいますか、人倫的な慣習であるという考え方のほうがリアリティがあります。そういう具体性をヘーゲルはめざしたのではないか。その二点なのですが、いかがでしょうか。

竹田――先にヘーゲルのことで言うと、小浜さんの言うとおりで、たしかに『法の哲学』でへーゲルが良心よりも道徳と人倫に、つまり市民の権利より国家の内的本質に優位を与えたことには密かな意図があったと思います。ふつうに読めば、ヘーゲルの「人倫国家」は、それ自体精神的、生命的本質をもった存在で、それは一方で「市民の幸福」を基本の公準とすると言われているけれど、『法の哲学』では、国家の存在意義は、ルソー的な「一般意志」の結果とはされなくて、暗黙のうちに、人間精神の絶対的な存在理由としての人倫という考えに重点が移っています。つまり人間の精神はその自由のうちで人倫的本質を展開すべきだが、それは国家が本来そのような精神の本質を展開すべき本質存在であることによって支えられている、という具合に描かれるのです。しかし、私はこれはヘーゲルの時代的な限界だという考えです。

『法の哲学』で特徴的なのは、ここで彼が近代社会を、「放埒な自由の体系」、すなわち享受の自由な追求がとことん展開され、近代の自己中心性の解放から現われる矛盾が蔓延する社会、として描いていることです。マルクスが後に行なったのとほとんど似たような資本主義批判を、半世紀ほど前にすでにヘーゲルが行なっている。その上で、ヘーゲルはこれにチェックをかける原理を「人倫」という概念で提示します。ただこれが今で言うと、保守的な立場の思想と近親性があるように見えるわけです。ただ私の感度から言うと、ヘーゲルの思想は基本的に保守思想とは違う。それを詳しく言うとやっかいなので、ここでは象徴的にだけ言いますが、たとえばハイデガーは基本的に保守的思想です。いわば美しい共同体の夢があるかどうかということが分かれ目になります。ヘーゲルは『精神現象学』ではむしろそういう立場を「美魂」として批判しています（『法の哲学』でもいちおう批判しています）。ヘーゲルにも「共同体」の概念は出てきますが、彼の共同体はあくまで絶対精神の共同体で、今で言うと最高度に普遍的な精神の共同体というイメージです。ただ、彼の哲学体系のうちには、すでに、人間精神がそのような精神的自由の本質的な共同体（相互に了解しあった）へと向かうのは、世界精神がそのような必然性をもっているからだ、というような「精神と世界の一体性」の世界像があるわけです。それがヘーゲルに残っていた最後の精神的ロマン主義です。しかし、このような世界像は、ヘーゲルが十九世紀の前半になくなってまもなく完全に成立不可能なものになってしまうのです。

ともあれ、そういうわけで、私はヘーゲル思想の可能性の中心を保守思想的なものとして読みません。そうするなら、ちょうどマルクスが象徴するように、急進的社会思想との対立の構図に陥ってしまいます。だから、私はむしろ「人倫」の思想ではなく、彼の「自由」の思想のほうを本質的なものとして取るのです。ヘーゲルの「人倫」の思想は、もし歴史が世界精神の体現として存在するようなものでないならばその根拠を失います。カントの「最高善」の理念が、神の存在の規定がリアルでなくなれば一人では立てなくなってしまうのと同じです。しかし精神の「自由」の思想のほうは、人間の歴史においてその「自由」の展開が不可逆なものであるかぎり、その本質性を保っています。

それから、あらゆる国家に領土があり、文化があり、風土や国民という具体性があって、国家はそういうものを本質的な諸要素としているというのは、まったくうなずけるものです。我々が具体的に今自分たちの国家の将来をどのように構想するか、という点では、そういう問題をはずして考えることはできないと思います。しかし、そのことと、近代国家の本質をどう考えるかということはかなり時間的なスパンの違う問題ではないかというのが私の考えです。これも少し象徴的に言いますが、私は在日の家庭に生まれてきて、共同体の倫理の中で育ってきました。ちょうど日本の戦後の五十年以上を成長期の日本で過ごしたわけですが、ひとことで言って、古い共同体の倫理が、新しい生活が生み出す多様な利害の衝突の中で、徐々に一般意志へと変化してゆく必然のプロセスを見てきたということになります。私の考えを言うと、それは、いったん世界宗教が滲透しはじめると、あらゆる共同体的な民族宗教がそれにのみ込まれるのと同じ構造をもっています。ここでは世界宗教が一般意志を体現しているからです。

自由の放埒な競争が社会を攪乱すると我々は共同体の倫理に立ち戻ろうとします。しかし、我々はこの赤裸々な競争原理の中でいちどあらゆる古典的モラルの解体ということを経験しなければならない。このことは不可逆で、近代の自由の過剰な解放の所産を我々は今経験しているわけですが、ここに現われるモラルや秩序の混乱と困難を、自由の原理を押し戻すことで調整することはできないと思います。我々はこの展開のさきまで出て、はじめて人間的倫理の本質を内的な態度としてつかみ直すことができるのではないか、ということです。

小浜――そこに今日のテーマとして予定しておいた、ロック、ルソーからの流れを継ぐアメリカ国家の今の問題があると思うのです。アメリカの普遍主義がローカルな場所にグローバリズムとして浸透していき、その土地の文化や伝統とぶつかり合ったとき、様々な問題が生じることになる。この問題はいま話してきたことと関係があるのではないかと思うのですが、佐伯さんいかがですか。

佐伯――その点に関わるんですけれども、話を少しだけ元に戻します。先ほどから竹田さんを中心に、近代国家はある種の正当性を必要とするんだという話をしてきました。例えば市場経済の中である商品がどれほど利益を上げようと、あるいは経済人がどれほどに金を持っていようと、これは正当性があるかないかという話ではないのですね。市場経済は、基本的な商品交換のルールさえ守れば基本的に行為の正当性は問われない。しかもそのルールも多くの場合、慣行の積み重ねです。ところが国家に関しては正当性を要求するわけです。一応そこで正当性の問題に対する回答を提出したのがホッブズでありルソーであるという話をしてきたわけですが、私は本当のことを言えば、じつはそのことを疑っているのです。

というのは、明らかにホッブズやルソーの影響力は、社会思想を研究している人間には大きいかもしれませんが、政治家がルソーやホッブズを読んでいるかといえばほとんど読んではいないわけです。自分たちの行動の正当性を考える人はいない。そんなに複雑に難しく考える必要はないわけで、端的に、しかも歴史的に言えばおおよそ国家というものは力の強い者が弱い者を打ち倒して、それで支配権を確立したわけです。

しかしその支配権が、百年、二百年という一定の期間を経て、それなりに民衆から暗黙の支持を得たときに、国家は国家として一つの秩序を、政府は政府としての暗黙の正当性を得るのです。歴史的にはほとんどそうなっているのです。そのことを国家の正当性問題としてとり上げたのがイギリスの哲学者のヒュームやバークです。こういった人たちはルソーの契約論を真正面から批判して、国家に契約など不必要だし、現に存在しない。契約論のロジックは無関係であると言っているんですね。

つまり、ある一定の期間を経て、既成事実としてその支配が暗黙の了解を得れば、その支配権は確立するということなんです。おそらく私はこのほうが正しいんだと思うのです。日本でもそうです。我々は社会契約によって日本の国家を建設したのではない。戦後日本もそうです。社会契約論に近い解釈をしようとしたのが宮沢俊義の、戦後新たな近代革命を起こしたという「八月革命説」ですが、これは戦後憲法を正当化するための無理な議論です。その例外を別にすれば、日本の政治権力もルソーの社会契約論では理解しえないのです。

ところが戦後の日本の社会科学は、ルソーやロックの視点から、何故日本は近代社会にならなかったのかという話をしている。近代社会に対し、ある一つの視点からみて近代社会であるか否かという議論はナンセンスなのです。先ほど小浜さんがおっしゃったように、あらゆる国は、その国の伝統、習俗、国民性、歴史性というものを引きずって現代に至らざるを得ない。それ以外のやり方というのはあり得ないのです。

というのは、国家というものは二つの側面を持っているからです。一つは、近代国家のロジックとして言われている最小限の公権力の行使という側面と、もう一つは歴史的に作られてきた伝統や国民性というものを引きずっている面、その二つが、国家というものの重層的な二面を作っている。多くの場合、前者をステイトと呼んで、後者をネイションと言い、それを結合したのが近代国民国家だという言い方をします。けれどもそれも若干方便に過ぎないし、私は社会科学者の方便だという気がしますね。実際にはネイションとステイトはきれいに分離している訳ではない。しかし便宜的に言えば国家にはそういう二つの側面があるということです。仮りにステイトを契約論で理解しても、ネイションは歴史的連続性を引きずっている。その二つの面から国家というものを見ていかないといけない。

アメリカという国家の特殊性

佐伯——そして今の問題で、強いて言えば社会契約的に解釈できるほぼ唯一の国家がアメリカです。つまり歴史的形成体としてのネイションというものを持たない、歴史・伝統、習俗性というものを持たない。アメリカは最小限の権力によって人民の生命と財産の安全を確保する、というように非常に契約的な国家なのです。従ってアメリカという国はこの地上にある国家の中で最も特殊な国であって、日本なんかははるかに普通の国だという気がします。

それからもう一つ確認しておきたいのですが、既に話したように近代国家の大きな問題は、生命・財産・安全の確保という問題です。自由という問題は最後に出てくるのです。自由を掲げる国もあれば、それ以外の価値を掲げる国もあるし、必ずしも自由が近代的価値の中で最重要であるとは限らない。日本について言えば、自由も民主主義も国の基軸価値としては戦後に取って付けたもので、日本人が、自由がどういうものであるかということは必ずしもよく分からないのではないか。ですから、竹田さんのおっしゃるほど、自由が必ずしも近代的な理念だとは言えないわけです。近代国家の一番重要なポイントは国民の生命財産の安全です。その国がイスラム国家であろうと、どんな宗教をもつ国であろうと、安全に対する考えは変わらない。やはりそういうふうに考えるべきなのではないかということが一つです。

もう一つは、竹田さんと同じように、自由というものを普遍的な重要な理念として掲げるとすれば、それを実行しているのはやはりアメリカです。アメリカの自由民主主義を社会契約論的なやり方でもっともロジカルに表現したのがロールズです。ですから私の印象では、竹田さんの理論は結局ロールズのそれと大差はないという印象を持ちました。

長谷川――佐伯さんがおっしゃった内容には全く同感なのですが、一点だけ。国家の正当性はそんなに問題にしなくていいのではないか、というおっしゃり方だったのですが、ある意味で伝統とか慣習に支えられた国家というものも、まさにその伝統と慣習を正当性としてしっかりと保持しているからこそ国家として機能しているのだと思うんですね。

ただ、おっしゃるとおり、実際のところは非常に特殊なアメリカという国が、むしろ近代国家のモデルのように考えられてしまって、そういう出発点の契約がないと逆に正当性がないと考えられてしまっている。長年の慣習や伝統が正当性の一番大事な根っこなんだ、というところが見失われがちな気がするのです。ですから「普通の国」である日本としては、イギリスと一緒になって、慣習というものこそが本来の正当性であり、契約的にできた正当性はむしろフィクションだよ、と言っておく必要があるのではないか。そういう留保をつけておきたいと思います。

竹田――なるほど佐伯さんの疑義はそれとして理解できますが、私から言うとこんなことになります。現にある国家権力の正当性を統治者が強弁するようなときには、多くの人がそれをフィクションであるという権利をもっているし、また互いに相手の政治理論をフィクションだということができる。しかし、政治統治の正当性の理論などあってもなくてもよいという考えを置くなら、それは別のことです。あるいは政治権力は結局、力の闘争であり一定の実績ができたら人民が事後的に正当性を認めるのだ、という理論もまた一つの政治理論ですが、そうなると、なぜあるべき政治の像を語るのか理由が分からなくなります。

ただ私の言い方が、抽象理念としての政治理論を立てているように聞こえるというなら、少し理解できる面もあります。そこで一つ言いますと、近代国家の政治体制の変更の大きな指標は、絶対君主政から議会制と選挙制への全般的な移行と展開という点にあります。アメリカ、イギリス、フランスという比較的明確な仕方で市民革命を起した国はもとより、ドイツ、イタリア、日本など後発近代国家でもある時期を画して議会制へと移ってゆきます。このことが、近代の市民国家の政治制度が単なる慣習的形成ではなく、自覚的合意として形成されてきたこと、つまりルソーが「契約」と呼んだ契機が政治ゲームの新しい本質契機になったことを示しているわけです。もちろんそこにはつねに支配勢力が存在して、いわば権力の覇権闘争を繰り返してきたけれど、しかし近代国家の歴史の流れを見ると、先進諸国では、例外なく、政府はより広範な階層に対して支持基盤を広げていかなくてはならないというプロセスがあり、それは選挙法と福祉法の進展に象徴的に現われてきます。つまり、覇権者の特権的権力ではなく、各人の自由を確保しつつ個々人の大きな合意によって政治ルールを決定してゆくという方式がどこの国でも拡大してゆくということは、歴史的に見ると動かせない事実で、我々はそういう事実を土台として、政治理論の必然性を論じることができるわけです。先進国家で、覇権的政治権力がもはや成立不可能なこと、実権の掌握ゲームは、階層支配と数の支配を通して行なわれるほかないこと、そういう近代の経緯の全体を政治理論としては「契約説」と呼ぶということなのです。言い換えると、合意がますます自覚的になり、しかもそれをますます万人が要求するようになり、いったんそうなるとこの流れはもう不可逆になる、ということです。

それから、国家の存立が各人の生命の確保ということを基本の動因としているという点ですが、たしかにまさしく希少的条件（生活資財が人口を大きく上回れないかぎり社会は希少的条件にある）のもとでは国家はそうなる。ただしその場合、国家は民主主義的、共和政的形態を取らず、ほとんど専制的、独裁的体制を取ります。まさしく強力な権力とルールが必要なので、この場合、覇権的形態が最も合理的なのです。しかし、国家が安定し、生命の確保の条件が満たされてくると、必ず人々の自己中心性、つまり各人の利害の追求の確保ということを動因として政治は動くようになります。今で言うと先進国はみなその段階に入っており、だからこそ、ここで議論しているような倫理の解体といった問題が必然的に現われてくるわけです。要するに、国家というものは、生命確保を強い動因とする場合と自由の確保を動因とする場合があるということになりますが、その歴史的進展のプロセスは必ず前者から後者へと向かい、これも不可逆です。近代国家が自由の解放という動機から大きな変化のエネルギーを得て進展し、実力と慣習のゲームからますます契約的な政治ゲームへと向かってきたことにはやはり必然性があると思います。

小浜――だんだん自由は実現しているという歴史把握には議論の余地があるかもしれませんね。ここで一応打ち切ります。

自由とは〝ある何か〟の崩壊ではないか

小浜――では、第二部に入りたいと思います。第一部で竹田さんの一種の「進歩主義史観」をたっぷり聞かせていただいたわけですが、政治思想、社会思想に関しては近代主義を標榜するということを、竹田さんははっきりおっしゃっています。この問題を議論していただきたいと思います。はたして人類というのは進歩してきたのかどうかという点です。

自由が多くの人にとって実現できるものになった、という意味では良いと思うのですね。しかし自由が拡大することによって、例えば今の日本のようにここにまた新しい問題が発生してきている。一般の人々は自由を持ち扱いかね、どうやってそれをうまく動かしていったらいいのか分からない。

佐伯さんのご本にもありましたが、先進諸国では、法的な自由、政治的な自由、経済的な自由に関しては、平均的な生活においてほぼ確保できている。しかしかえって知識人たちによる、自由に関する繊細な事細かな論議が行なわれている。こういう皮肉な事態を見ていると、自由を手にした瞬間、自由を衰弱せしめてしまうのではないかという疑問がわいてくるわけです。この点について少し議論して頂きたいと思います。では佐伯さんからいかがですか。

佐伯——『自由とは何か』という本を書いた大きなきっかけは、現代社会において、我々はもはや自由なのか、それとも不自由なのかということです。確かに、不自由といえば不自由なんだけれども、どうにもならないような不自由さは、先進国においてはたして問題になるのかということでした。日本のような自由と民主主義、経済発展がこれだけ進展した国で、逆に自由ということが深刻な問題になってしまったということなのです。学生にも聞いてみましたが、ほとんどの学生は特に不自由な感情はないと言います。学生は特権的な身分ですから、少し別なのかもしれませんが。しかし今の日本社会を見て、極端に自由を制限され、それが非常に深刻な問題だと考えている人は、どちらかというと少ないのではないか。数が多いか少ないかということは問題ではないのですが、私の問題意識としてはそうなっています。

しかもこれは私の実感だけではなく、西洋思想の一つの重要な帰結だと考えているのです。たとえば、ニーチェだとか、ニーチェに影響されたオルテガだとか、あるいはハイデガーとかいった人の名前をだすことができるのですが、これらの人たちが共通に感じていたことは、自由な近代社会は確かに進行するだろう、そして階級も崩れていくだろう、社会的な伝統的共同体も崩れていくだろう、宗教上の信仰も徐々に衰弱していくだろう。しかし近代化が進み、進歩する社会ができあがっていくと、では人間は幸せなのか。そのとき人間は一体どう生きようとするのか。

そこまでいったときに、オルテガ流に言えば、自我中心的で社会や文明に対して責任を持とうとしない「大衆人」が現われる。あるいは他人とのほんのわずかな差異に重要な意味を与え、そのことを騒ぎ立てていく。平等性への要求がわずかな不利益をめぐる神経症的な異議申したてになってしまう。そういう私的な事情を政治の場で自分の権利として実現しようとする人が、実際に政治の場で実権を得ている。これは恐るべき事態であり、二十世紀の大きな問題であるというのがオルテガの議論です。ニーチェも少し違いはあっても、自由と民主主義の拡大に関しては非常に懐疑的なんですね。こういう事態になることのほうが、私は現代的な問題だと思うんです。

これは竹田さんもおっしゃっているんですが、現代的な自由の一番大きな特徴は、各人が各人の幸福を追求する。各人が各人の善というものを自分で自由に定義して追求する権利を各人が手に入れたということなんですね。そのこと自体を否定するつもりはないのですが、しかし今現代社会でもたらされている問題は、むしろ各人が自分で自分の幸福を追求する結果、私的な幸福追求といっても社会的な意味を帯びているとか、社会的な役割を負っているとか、あるいは自分の行動が社会的な承認を得ているという感覚を持てなくなってしまっている。その結果、自分の人生というものに、現代人は確信も充実感も持てなくなってしまっている。そのことと現代の自由という問題には、大きな関連があるだろうという気がしているのですね。ここからまたいろいろな話が出てくるだろうと思いますが。

長谷川——いろいろな話が出てくるその一つということで、いま佐伯さんのお話を伺っていて思い出したんですが、自由という言葉をこのシンポジウムではポジティブな概念として使っていますね。しかしその自由という言葉で指し示されている事態は、事柄として見るなら、実は「崩壊」に他ならないのではなかろうか。

　例えば女性の立場から考えてみると、日本の女性はイスラムの女性に比べるとずいぶん自由で、被り物なんかしなくても人前に出られます。アラブだと、女性一人では出てはいけないとか、男性の中に女性がまじってはいけないとか、色んな不自由があるといいます。そういうことがないことを我々は「自由」というわけですが、もしこれがアラブ世界だとすると、ずいぶんいろいろな戒律が崩壊した姿だということになる。アラブと較べるまでもなく、百年前の日本と今の日本を較べれば、礼儀にしても秩序にしても、ずいぶんたくさんのものが「崩壊」しています。

　つまり、今我々が自由という言葉で理解している現象は、同時に崩壊の現象でもあると考えてみると、佐伯さんがおっしゃった、自由が行き渡っていて、それでいて不幸である我々、という姿を理解する一つの道筋にもなるんじゃないかという気がしました。

与えられた自由、勝ち取る自由

小浜――竹田さんはいかがですか。いま佐伯さん、長谷川さんから、現在の日本で実現されている自由というのは、これまでのいろいろな規範の崩壊であるという非常にネガティブな側面が強調されて出てきたんですけれども。

竹田――どうも「自由」が大いに問題だという話になっているようですが、私にはちょっとピンとこないんですね。私の考えの中心は、近代社会を各人の自由の解放という政治課題の問題としてとるなら、ここには大きな必然性があって、それはじつは間違いだったという考えは成り立たない、ということです。もう少し言うと、各人の自由の権利を解放した現代社会は、この解放のゆえに、これまでの人間生活のあり方を大きく一変させたし、そこからいろんなやっかいな問題が出てきている。我々はもちろんそれはそれで考えなくてはならない。しかし、それを近代の「自由」がまずかったんだと考えるのは、いわば「表象」の誤り、イメージの錯誤ではないか、ということです。近代社会はいったん自由の自覚が生じると、自由の欲望の解放を進展させていかざるをえない、ということと、近代社会は必ず進歩してゆくもので、進歩こそ社会の標識だ、というような近代進歩主義とはぜんぜん違うものです。

　自由が解放されると、人間の自己中心性が解放される。自由な欲望ゲームが解放される。そこで利害の醜い衝突が起こり、つぎに競争からの脱落と脱落ということが生じる。自由競争ゲームの論理が激しくなるほど、落ちこぼれる人が増える。そこで、この自由のゲームのあり方にいろんな疑問が出てくる。この近代における自由や進歩それ自体が問題なのではないか、と考えたくなる。しかし、それは問題の核心を外している。たとえば、暴力原理（暴力によってのみ秩序が定まるという原理）は人口と生産のバランス、共同体間の不安、というようなことが最も重要な契機ですが、戦争は、悪い王様や悪い大統領が起こしているとふつうは考えてしまう。それは事態の一面であって、本質ではない。そういう考えは表象的な錯誤ですね。民族差別に苦しむと、国家の境界こそ問題なので、まず国家をみななくしてしまえばいいと考えたくなる。あるいは、差別されている民族はみな自分の国に戻って平和に暮らせば差別はなくなると考えたくなる。また、男女差別で苦しむと、男女の性差こそが問題だから、これをなくしてしまえばいい、と考えたくなる。そういう考えは表象的錯誤です。現代人の問題は、自由を基礎とする近代社会の成立によって現われたものですが、「近代社会」や「自由」が悪かったという問題ではない、というのが私の考えです。

そういうことを前提の上で、現代社会の自由という問題について言いますと、例えば学生を見ているとすぐ分かるのは、かれらの象徴的な困難の一つは、大学を出ようとするときに現われる。大学でサークルに入ったりそれなりによい友達関係を見つけられたような人は、社会に出るときに何か自分の重要な自由が束縛されるように感じる。近代の人間の生で一つの中心になっているのは、思春期から青年期にかけて自分の中にロマンやファンタジーが育ってゆくことで、とくに学生の時期には一種の猶予期間に置かれるために、内的な世界が強く育ちます。ところが現実社会は非常に厳しい社会で、この内的な世界と現実世界とが衝突するからです。これが近代社会における内的自由のはじめの問題ですね。近代社会は宗教や共同体的なものへの情熱を徐々に解体して、象徴的には音楽や小説などが人間の生のロマンを育てるので、一方で厳しい現実の競争原理にぶつかるときに、自由のはじめの困難をもつという構造になっている。つぎの問題は、ロマンや自己規範の形成は基本的になんらかの自己肯定の中で行なわれるけれど、近代社会ではまず教育の中に入ってそこがすでに競争ゲームになっている。そのためにこの競争で早く挫折が生じるとロマンや自己規範自体の挫折が生じます。自分自身の拠り所をもてない場合、ふつうは宗教や習俗がその拠り所を提供するわけですが、近代社会が進むとこういうものは機能不全に陥る。そこで不遇感や存在の不全感を支えるものがきわめてバラバラになってくる。これがもう一方で起こる問題ですね。つまり内的なロマンの形成とそれを生き延びさせる可能性がないというのは、近代社会の自由の問題の基本型だと思います。

佐伯――そこはやはり現状認識が違うのかもしれませんね。ちょうどここへ来る前に、少し時間があったので喫茶店に入ったのです。隣に三歳くらいの子どもを連れた若い夫婦がいて、子どもがひっくり返って頭をこつんと打ったのですね。初めは小さい声で泣いていたのです。するとお母さんが、ごめんね、ごめんね、と子どもに謝りはじめた。

すると子どもがギャーと大声で泣き出したんです。これはごく普通に見られる風景です。つまり、少し前には親が頭ごなしに怒ったり子どもをびしばし殴ったりした、この親の権威に反抗して、子どもも大学に入ったところでようやく自由になった。竹田さんや私の時代にはそういうことがあったと思うのですが、子どもがほんの少し頭を打っただけでお母さんが謝る、という事態になっている。何も親が権威を持てということを無条件に言っているわけではないのですが、目に見える権威が消滅したということは、自由にとっても大きな問題だと思います。これは自由との直接のつながりは別として、大いに関係のある問題だと思うのです。

自分が闘うべき相手やその権威を見失ってしまったということは、勝ち取った自由というものを実感できないわけです。そのことが問題だと思うのです。竹田さんはこれを不可逆の必然的プロセスだとおっしゃるが、私には、自由を絶対化することによって、近代人がそのような社会を作り出してきたように見えるのです。自由が予め与えられてしまっている。お母さんが子どもに与えてしまっているのですね。心地よいゆとりを与えているんです。自分が頭を打ってもお母さんが謝っている、その中でずっと育ってしまっていて、社会にはそれなりにルールがありますから、社会に出たときに窮屈に感じる。そういう問題のような気がしますね。

長谷川——いま佐伯さんがおっしゃった状況は、また古代を蒸し返しますと、プラトンの『国家』の中にも出てきます。先生は生徒に媚びて、若者たちは先生を先生とも思わない。それが今のアテナイの自由の姿だというのです。プラトンがアテナイの街角で小さい子どもを連れた若夫婦に出会ったら、佐伯さんと同じような状況に出くわしたんじゃないかと思うくらい、似ているなあという気がします。それは贅沢な悩みといいますか、衣食足ってしまって、足りすぎて何が起こるかというと、そういう逆転現象が起こる。そんな気がするのです。

私はむしろ、竹田さんがおっしゃった中の、ロマンの追求という言葉にぴぴっと反応してしまうんですが、つまりここでもう一回、最初の根源的自由の問題が出てくるような気がするんです。ロマンといっても、もちろん結構つまらないロマンもありますが、学生たちに「今、ここ」にしか生きていないということを究極の不自由としてとらえて、そこをどう突破するか。どう逆転して「究極の自由」とするか。これ以上最高のロマンはあるまいというような話をすると、百人位の教室の中で十人くらいは、「うーん!」と目を輝かして反応してくるのですね。この問題は、どんな社会であるかということにはほとんど関わりなく、ありとあらゆる社会において、哲学的に感性のある人間には響く問題ではないかという気がします。

そうすると、自由は進歩するかしないかということとほとんど正反対の話になります。それこそ人類が直立して歩き始め、ものを考えて以来の永遠の課題というものが、先ほど竹田さんがおっしゃったロマンという言葉の後ろにはあるような気がするんですが。

自由がたどり着いたフリーターやニート?

小浜――流れが具体的現実的な課題、状況的な課題など出てきているので、私のほうから問題提起したいと思います。竹田さんが、大学の中での自由を一つのモデルとして提示されました。しかし現実の若者の置かれている状況や心理状態は、良いところを取り出して、こういうやり方でやればよいと考えるだけでは解決がつかないような気がするのです。たとえばフリーターやニート、引きこもりの問題です。

フリーター、ニートというのは、様々な自由が許されている中で、自分のアイデンティティをどう確かめていいのか分からないという問題だと思うのです。ただしここには社会構造的な要因があって、本人たちは自分の職業を追求したいのだけれども、企業が新卒者を取らないという現実があります。しかしフリーターには、自分たちは何となく自由だからいい、つまり人生に対する倫理的な配慮をどこかで投げ出しているという心理的背景があると思うのです。この問題は、社会的な観点で見ても、個人の生き方という観点から見ても、これからかなり危うい状態になっていくのではないか。

そしてここから、働くことの意義という問題に結びつくのではないか。働くということは一体自由なのか不自由なのか。働かないでいることは自由なのか。働くことは不自由なのか。私はそうではないと考えるのです。人間は本質的に社会的な存在ですから、自由を実感するためには、他者への働きかけを通して他者から自分の存在を承認してもらい、そのことによって自己承認を得る。こういうプロセスが不可欠ではないかと思います。働くことに意味を見いだせない、そしてニートになってしまうということは、現実的な条件が働くきっかけを作り出していくのに、それをうまくつかめないために、働く意義を見出せないということなのではないか。ですから、もし現実的な人間関係の条件がうまく働くならば、人は働くことの中で自由を実感できるのではないか。この問題を皆さんと考えてみたいと思います。竹田さんよろしいでしょうか。

竹田――私としてはニートやフリーターはこの自由のゆきすぎた社会が問題だ、という議論にはあまり乗れないんですね（笑）。ただ小浜さんの問題意識については共有していると思います。私は自分が長くフリーターだったので、こちらは自分の内的なロマンの落としどころという問題が強いように思いますが、ニートは言われたように、人間関係を作ることへの挫折というか防衛ということが中心的な問題だと思います。ニートは構造的には親の世代の経済的余剰が、子の世代の関係不全をあまりよくない意味で助長してしまっているということだと思いますが、内的には、なぜ人間関係に挫折するかという問題であって、私の観点からは、哲学的には「自己意識の自由」の問題として言うのがいちばんフィットします。

　できるだけ簡潔に言ってみますが、近代社会では、一人一人の人間が何になるかについて自由な道筋を与えられています。農民の子は農民になって貴族の子は貴族になる、という社会ではもはやない。学校に子どもたちが集まり、様々な知識を身につけ、それを通して何者かになっていくことを競わされる。一方でそれは自己形成と自己実現のチャンスが対等に与えられることだけれど、一方で自己形成のきびしい競争ゲームに入ることでもある。この自己形成の自由競争のシステムの中で、近代に固有の自己意識の問題、「自己意識の自由」ということが現われるわけです。「自己意識の自由」とは何かというと、私が私であることの価値と存在理由（＝自己アイデンティティ）を自分でつかもうとする欲望であると同時に、またそれを自分で形成しなくてはならないという課題でもある。

　そこでまず、自己ロマン性ということが出てきます。ちょっと言いましたが、思春期から青年期にかけて、誰でも音楽とか小説とか何らかの理想とか恋とかその他の文化的な趣味に熱中したりしますが、ここで自己のロマン化ということが生じている。大人から見るとおかしなことに熱中してやれやれと見えたりする。でも青年にとっては、この何かに熱中するという経験の中に、生きることの核心的な意味を感じとっている。ここにはとても重要なものがあるのです。若者の熱中のうちには自分と生の意味の結晶作用ということが起こっていて、私の考えでは、ここで若者は人間の精神の自由というものの本質を直観している。たとえばデカルトやルソーやヘーゲルやニーチェでも、この青年期にぶつかった精神的自由の本質が、彼らの哲学全体の核をなしているといえるほどです。

しかしまた、近代社会の人間が、自己形成の出発点を誰でも例外なく、この「自己意識の自由」という欲望と課題からはじめるということが、逆に現代社会の自由の困難ということを規定するのです。古典的な共同体社会では各人の自己形成は慣習と制度と習俗が全体として請け負っていた。しかし近代では人間は自己価値の実現という課題を各人が負わないといけない。要するに、関係のスキルを各人が形成しなければならない。ところがそれも競争ゲームになっており、そこで独自の挫折が生じ、自己防衛や過剰な攻撃性が現われるわけです。

ですから少し前は現代のメンタルな病の代表はボーダーラインと言われていました。最近は引きこもりやニートや多重人格が話題になっています。いま言ったようにこれは「自由」の病ですが、もっと言えば「自己意識の自由」の病です。私はこれを「自由な社会」が原因なのだとは考えません。佐伯さんや長谷川さんの考えとしては、この現代的問題は自由が蔓延しているためであって、我々は「自由」を抑制したほうがよいというニュアンスがあるわけですが、私としてはむしろ「自由」の本来のあり方がねじれているという考えです。「自由」の概念自体を相対化してもあまり意味がないのではないか。かつて神の信仰が崩壊していったとき、今こそ真の信仰を立て直すときだというキリスト教の思想家たちが多く出てきました。私は在日ですが、ここでも在日の共同体で必然的に民族性の観念の解体が進んでいくわけですが、何度でも、「今こそ民族教育を」というスローガンが出てきました。だからニーチェの「ニヒリズムを克服するにはむしろそれを徹底せよ」という言い方は、私にはすぐに自分の問題として入ってきたんです。

ニーチェの「神の死」や「ヨーロッパのニヒリズム」というテーゼが意味するのは、一方では信仰という超越世界の崩壊ですが、もう一方で「自由」の進展の不可逆性です。それは必然的に倫理の根拠の曖昧化をうながし、人々の不安を呼ぶ。そこでデカダンやリアクション（反動形成）が生じるというのです。力の思想は、「自由」を反道徳として恐れるな、むしろそれを人間の生の本来的本質のほうへ展開せよという示唆です。近代の自由の解放それ自体はいったん動き出すともうもとに戻せない。だからそれが生み出す大きな矛盾を調整しつつむしろその本質をより深く展開する原理を見いだす、というのが我々の方向ではないかと考えるわけです佐伯――ロマンをうまくもてない。現代の我々は自分を自分で納得させなければならない。自分が一体なぜこういう仕事をしているのか。この仕事をしている意味はいったい何なのか。そういうことを自分に納得させなければならない。そういう意味で近代人は、自己意識と自己の存在確認を持たざるを得ない存在であることは事実ですね。

しかし自己意識から出発してしまうと、自由で相対主義的な世界では、みんなそれぞれ勝手にやりましょうということにしかならないから、ある仕事に就いた人はその仕事に就くことは彼の勝手だろうという話になります。例えば就職率の低い三流大学を出たとします。会社によっては出身大学を一切問わず、履歴書にも書かせない所があるという話もありますが、ともかく就職先がなくて、フリーターになったとすれば、フリーターを選んだのはお前が自由に選択したんじゃないかという話になるんですね。これが自由主義の原理です。

ところが本人の主観からすれば、自分は自分の生き方をもう少し模索してみたい。会社人間にはなりたくない。一つの会社で三十年もこき使われるのは人生の墓場じゃないか。本人はそういう主観を持っていて、自分の生き方を自分なりに確認したい。しかしフリーターになってしまった結果、生涯所得が三倍か四倍変わってしまうわけですね。そのうち人生が嫌になり、社会に対して絶望感を持つようになる。これはよく見られるケースです。

この問題は、いわゆるリベラリズムとかデモクラシーという議論では解決がつかないのです。こういう問題について自由社会は解を出せない。もっと言えば、リベラリズムやデモクラシーをよしとし、それを人間社会の進歩だと考えた思想がこういう問題を生み出したと思うのですね。かなり経済的にも豊かになった自由な社会では、個人は自己責任によって自由に自分の生き方をチョイスできるとされる。しかしもう一方で、諸個人の平等な自由は競争をうみ出し、その結果として勝者と敗者をうんでしまう。そうすると、やはり規律や社会的な共通の価値観というものをどこかで構成しなくてはならないのではないかという話にならざるを得ないのです。

私は実は、竹田さんほど規律が壊れていくとは思ってないのです。ヘーゲルが言ったように、社会の歴史というものを、元々一人の人間が自由で全権を持っていた、その次に少数の者だけが自由になった。それから次に、多数の者が自由になる、という見方がある。つまり逆に言えば、規律が弛み、規律からどんどん解放されていって、規範、共同体というものが崩壊していく——私はこういうふうに歴史をとらえないのです。確かに規範や共同体は弱くなっているかのように見えますけども、本当にそうだという気はしないのですね。多くの人がまだそれを求めているし、規律や規範の力をもう一度確認したいと思っている気がしてならないのです。

ヨーロッパの場合には規律の根元にあるのがやはりキリスト教でしょう。ヨーロッパ社会でキリスト教を信仰している人の割合は非常に少ないし、教会に行く人は三十パーセントもないと思いますけれども、それにもかかわらずキリスト教をベースにした規範が残っている。社会的な慣習として残っているのです。あるいは生活の中に根付いている慣習をもとにした人間の意識です。つまりヘーゲルのいう自己意識ではないと思うのです。潜在的な意識が、主体といいますか、自己対象化する意識ではないような、それ以前の思考習慣のようなものが、私はやはり人間を深く規定しているという気がしてしょうがない。自己意識の背後には共同社会の無意識がある。これは日本でも残っていると考えるのです。

二重構造の戦後日本

小浜――いまヨーロッパの宗教的な規範の例を出されて、まだ残っているとおっしゃったのですが、日本の事情は特殊で、近代化したときに国家神道という実体のないものを無理に作り上げました。これは民衆の生活感情の中に深く入り込んだものではないと思うのです。では何が私たちの生活の規範を作ったかというと、学校教育が非常に大きくて、それはちょうど、ヨーロッパ人が教会に日曜に通ったりするのと同じように、地域の象徴的な存在であったと思うのです。

それが八〇年代くらいから学校教育がうまく機能しなくなって、一方にはまだ学校教育システムに対する依存はあるけれども、親はあまり学校を信用しなくなった。そしてかつての学校が持っていた、おらの村から出て出世していくという象徴的な意味合いが壊れてしまった。この崩壊の意味はかなり大きいのではないか。そこからフリーターとか、引きこもる若者たちがたくさん出てくるという問題とも連続していると思うのですが、いかがでしょうか。

佐伯――それは私の理解では、戦後の日本をどう考えるかということだと思うのですね。戦後日本というのは、二重構造化された社会だと思う。二重構造化されているという意味は、我々は頭の中では自由や民主主義やら個人主義やら人権思想やらを受け入れた。つまりアメリカが、近代的理想と掲げたものを日本に与え、そのアメリカの占領政策を元に、頭の中で理念や観念を描いている。しかし社会的な習慣だとか社会的な人間関係や習俗というものは、そんなに簡単には変わらないのですよ。ですからその習俗のレベルでいうと、我々の社会は決してアメリカ型の近代社会にはなっていない。

そこで妙なことが起こる。民主主義といったときに、西洋的でもないし、かといって聖徳太子のような「和をもって尊しとせよ」でもないし、両者がくっついてしまったような、奇妙な日本型民主主義なるものができてしまった。個人の自由という概念についてもそうです。西洋の場合はそこに大きな権威とか社会的規範とか宗教的規範があって、そのうえでの個人の自由です。日本ではそれが無くなってしまって、元々あった日本の中の利己的なものと戦後の自由がくっ付いてしまって、私の利益、私の権利だけを主張する。こういう話なのです。

全てが二重構造でありながら、その二重構造が非常に奇妙なかたちで作用して、西洋型でもないし古い日本社会でもないし、どちらとも言えないものになっている。そのことについて、我々は思想的にも社会理論的にもまだ形を与えることができていないという気がしているのです。

「大人」になるということ

長谷川――今度は一転して、佐伯さんがペシミスティックなご意見という感じですが、いわゆる宗教があるわけではない我々日本人の場合、では何がしっかり働こうというエートスになるのか。それを支えているもの、と言い切っていいのかどうか自信がありませんけれども、一つ大切なものとして、古くからの日本の言葉があると思うのですね。

例えば、「大人」という言葉があります。先ほども竹田さんがいみじくもおっしゃったんですが、大学生の間は割合自由に色んなことができる。そして会社に入ったとたんそれが無くなるという構造がある。これを我々は、まあ大人になるんだからしょうがない、と言ったり、あるいは大人になれよ、なんていう言い方をしたりします。その「大人」という言葉はどういうことを意味しているかというと、まず、生きていくためには、人間は様々な不自由を忍ばなくてはいけないということが大前提にあります。ただし不自由だからといってそこでぺしゃんこになってしまうのではなく、不自由とそこそこ付き合っていくことができて初めて大人だ、というイメージが「大人」という言葉にはあったと思うのですね。しかし考えてみたら、近年、大人という言葉を聞かなくなっています。あるいは大人という言葉があまり機能しなくなっているのかもしれませんね。

　いま出てきたフリーターとかニートという問題は、確かに学校時代から引きずっているという側面も個々の子どもたちを見るとあり得ると思うのですが、一つはやはり自由を満喫できる青年、子ども時代、そして大人というライフステージに対する一種の諦念といいますか、そういうものが失われている。ライフステージが崩れることによって、大人が持っていた辛抱の力といったものが同時になくなっているところもあるような気がするのです。

　きちんと習俗が生き残っているところでは、イニシエーションというものがあります。たとえば、先日ドキュメンタリー番組で見たのですが、ケニアのある村落に腕白坊主がいる。お父さんに山羊の世話をするように言いつけられているのに遊んでばかりいる。サイの足跡を追いかけているうちに山羊がどこかに行ってしまったとか、そういう子どもが、イニシエーションの儀式を終えると、顔つきも変わってしまって大人の顔になっているのですね。僕も、もらった牛を三頭しっかり育てて、たくさん子牛を産ませたいと思います、なんて、大人びた口調で話している。まるで別人になっているのです。こうした子どもから大人への通路というようなことが、我々が自由を使いこなすための一つのテーマになりうるのではないかという気がします。

小浜——いまの長谷川さんのご発言は、私が考えてきたことと共通しています。習俗が生きていた時代は近代以前にあるわけで、そこでは子どもからうまく大人になっていく。一種のあきらめを内側に抱えて生きていくことによって大人になるという筋道があったと思うのです。精神科医の斎藤環さんが『社会的ひきこもり』(PHP新書)という本を書いていますが、その中で、今の教育システムは去勢を拒否してしまうシステムになっていると言われていて、大変説得力があります。長谷川さんは通過儀礼とおっしゃいましたが、それも同じで、一種の去勢ですね。腕白で自由に生きてきたけれどもいつかはそうではなくなるという形で、通過儀礼を行なって、いきなり大人にしてしまうということがあったわけです。

現代の成熟した自由社会の日本では、かつての通過儀礼へ復帰するのはもう無理ですね。その場合に何が考えられるかというと、みんなが納得できる生き方に見合うような、新しい通過儀礼を人為的に設定したほうが、引きこもりやフリーターの問題に対してはある程度有効ではないか。この成熟した自由主義社会に生きている私たちが、どうしたら不自由を乗り越えて大人になったという実感を得られるのか。どういうことを考えたらいいのか、ということを問題提示してみたいのですが、竹田さんどうですか。

相互承認と良心

竹田――私は最近ヘーゲルに熱中していて（笑）、またヘーゲルの話で申し訳ないですが、ヘーゲルの思想は大人になる思想だと言ったのは私の友人の哲学者西研です。というか、正確に言うと彼のヘーゲル論のタイトルが『ヘーゲル・大人のなり方』（笑）。で、ふつう、大人になるというのはある感覚からは評判の悪い側面もある。つまりそれは、社会的な慣習や習俗のルールに自分を従属させるという意味をもって言われることがある。ただ、ヘーゲルはほんとにアリストテレスの後継者で、読めば読むほど「人生の機微が分かっている人」という感じを受けます。ひとことで言うと、ヘーゲルはフランス革命の影響もあって、若いとき人間の自由や解放、それから許し、愛、調和といった観念に「熱中」します。しかしそのあと、いろいろ挫折を経験する。まずフランス革命が恐怖政治というとんでもないものに移行していったこと、それから彼は下宿先の奥さんと関係ができて子供が生まれたりするということが起こる。つまり理想への「熱中」の中で生のロマン的本質を直観し、そのあと挫折の経験の中でこの過剰なロマンを少しずつ修正してゆくという経験を持った。『精神現象学』は、当時の若者がたどるそういう様々な精神的経験を全部集めて、その上にヨーロッパの青年の可能な経験もついでにすべて集大成して記述したような、まさしくそういう精神の経験の学なんですね。

　でその柱だけ言うと、そこで「自己意識の自由」のステージというのがあって、ストア主義、スケプチシズム、不幸の意識という類型が設定されていますが、それは要するに自己の精神的内面だけで自己価値を確保しようとする試みです。ストア主義は内面的孤高の精神、スケプチシズムは一切を懐疑し相対化することで、自己の精神的自立性を確保しようとするイロニーの精神、不幸の意識は絶対的理想や主義に依拠することで普遍的正しさに達しようとする絶対的真理への精神です。この類型の要点は、自己意識に固執しすぎることで、自己の自立性が人間どうしの承認関係を通してのみ可能であるという知恵に届かないということです。近代人にとって大人になるとは、この「自己意識の自由」の試みの挫折によって他者との承認関係を受け入れることです。ただ、はっきり言ってこれは、当時のごく一部のエリート大学生の類型ですから、過剰な自恃の念と自意識が承認関係を否認しているので、むしろ現在人間が大人になりにくい事情とはすこしズレている面があります。現在の人間の承認関係の否認は、そもそもそも自己確定への挫折や関係不安、関係への畏れという点にあるからです。それでもそれが承認関係の否認あるいは断念である、という点では変わらない。現代の若者にとって承認関係の受け入れが困難になっているというのはその通りですが、それをどう理解し、思想化して克服するかはまさしくその世代の内在的な思想的課題で、私の考えでは救済思想の問題ではないんですね。私は哲学にはそういう問題を考える上で本質的な思考がいくらもあるので、若い世代はそれを自分でつかみ取るほかはないと思います。

というのは、我々の世代はこれとは違うところに思想の課題があったという感度を強くもつからです。

やはりヘーゲルの『精神現象学』に「道徳」と「良心」という概念があって、この中心問題は、近代人の精神が、自分と社会との関係づけの意識をどのように展開していくかという範型論です。それはちょうど、フロイトがエディプス・コンプレックス理論を中心に、人間の性的—精神的発展の範型論を立てたのと似ています。ここで「道徳」は、先の「不幸の意識」の絶対的な正しさに達しようとする青年の社会的情熱のありよう、正義感に満ちた「社会に寄せる心」を意味します。つまりそれはカント的類型です。カントでは近代人の「道徳」の本質は、宗教や慣習、習俗的な一般的正しさからいったん離れて、理性でとことん「正しさ」についての内的自己ルールを打ち立て、それにしたがうことにある。ヘーゲルを敷衍して言うと、カント的な「正しさ」への情熱は、いわばフロイトの「超自我」とちょうど重なります。本人はまっすぐに「正しい」ことをめがけることが人間としてのあるべき唯一の価値だと考えて、何らかの理想理念を強く信じている。しかしこの情熱は青年独自の自己ロマン性であって、じつはその背後によき人間、立派な人間たりたいという激しい「自己価値」への情熱が潜んでおり、しかもそのことに無自覚です。この無自覚が、絶対的正しさに帰依しようとする人間を様々な思想的矛盾に直面させる。その最大のものが、「正しさ」の信念対立ということです。「私は絶対これこれの理想が正しいと信じる」、この強い信念は、もう一つのきわめて真面目な「私は絶対にこれこれの理想が正しいと信じる」にぶつかる。そこに信念対立という事態が生じます。多くの場合、自己意識は自己価値への固執に負けてこの深刻な問いをネグレクトしてしまうけれど、いわばニーチェの言うような真剣な「真理への意志」はこの思想的難問を乗り超えようとして先へ出てゆく。そこで現われるのが「良心」という範型です。

先ほど佐伯さんが、竹田の意見はロールズに近いのではと言われたけれど、私としてはロールズは、典型的にカント主義的思想だと考えます。それについては『人間的自由の条件』でハーバーマスと同じ類型としてくわしく批判しました。あえて言うとむしろ立場としてはローティのほうに近いように思います。ただし認識論の問題では彼はポストモダン的相対主義なのでまったく違いますが。ともあれ、「良心」のポイントは、自分を社会的普遍性へと結びつける自己意識の情熱であるという点では「道徳」と同じですが、理想理念のもつアポリアを自覚しています。理想理念はたとえばカントでは徳と幸福がつねに一致する「最高善」の状態とか、絶対的に平等な世の中とかあるいは「万人の救済」といった、絶対規範状態をもつ理念です。近代の理想理念は暗黙のうちに多様な人間観や価値観が入りこんでいるので、これは必ず複数成立し、じつは絶対的なものとして成立しない。だから、この対立はどれが最も正しいかと問うと、原理的に解けないのです。

「良心」はそのアポリアを自覚していて、その先へ進もうとします。大きな見取図だけ言うと、良心は人間が全知ではありえないこと、つまり全体知あるいは絶対知が存在しないことを知っている。もう一つは自分の絶対的な「社会へ寄せる心」がじつは自己意識の欲望に根ざすものであることを知っている。そこまできてはじめて「相互承認」の意義を知るわけです。それは各人が各人の正しさについての信念をもっていて、自分はぎりぎり考えてこれが正しいと信じると言明するが、しかし同時に「普遍性」の意味を「絶対的な正しさ」に求めるのではなく、「相互承認」の必要性を認めて和解と宥和を模索する努力のうちに「普遍性」の内実を見出そうとするわけです。

そういうわけで、ヘーゲルの「道徳」「良心」論は、『精神現象学』の白眉の部分ですが、いくつかのポイントを取り出せます。一つはそれが近代の青年の精神的な倫理性は典型的には社会的普遍性へと向かうこと、それは社会的「義」への追求の形をとり理想理念の範型をとって、必ず信念対立にぶつかること、したがって、これを克服しうる思想が近代の倫理における一つの重要な課題であること、などです。きわめて乱暴に言えば、正しさの信念を相互的な承認ゲームに持ち込め、というのがヘーゲルの基本のプランです。ただ、ヘーゲルの時代の信念対立は、キリスト教の新しい信仰運動やドイツロマン派を軸とした思想対立で、まだ近代政治のイデオロギー対立まで行きついていません。だから、これを現在的問題として書き換えるには、いろいろ手続きが必要になります。

ともあれ、私が言いたかったのは、ヘーゲルの自己意識論、道徳論、良心論は、我々の世代がたどってぶつかったいちばんやっかいな思想の難問にぴったり重なるし、ヘーゲルは彼の時代の中でとことん考え尽くしているのできわめて原理的な考えになっており、そこから多くを汲むことができるということです。そして、今の若い世代はまたべつの固有の時代の困難をもっている。自分たちの問題をどのように思想化し表現するかは、思想の問題を原理的なものとして立ち上げる力にかかっているわけです。だから私は引きこもりやニートに落ち込んでいる人たちをどう救うか、という発想より、時代の中で思想の力をどうやって強くするか、ということを考えるんです。

長谷川――ちょっと一言言いたいのですが、それは完全に聖徳太子の十七条憲法ですね（笑）。ヘーゲルが十七条憲法を読んだら喜んだでしょうね。

ポストモダニズムか伝統か

小浜――竹田さんの言うことは分かるのですが、「良心」というレベルは教養と経験を積み、いろいろな考え方や生き方を取り込んで、その上で自分の正しいと思うことを言明し、行為に移すということだと思うのですね。問題は、若い人たちが「良心」に至れない社会、つまりコミュニケーションがうまくできない生活スタイルになっているような気がするのです。昔はうまくコミュニケーションができていたかというと、必ずしもそうは思いません。ただ、今の日本社会は、できるだけ面倒なことには関わりたくないし、人から土足で踏み入れられたくないというのが主たる風潮になっています。私的なコミュニケーションはやたらと盛んですが、公共的な言葉によるコミュニケーションをしなくなっている。そういう社会にあって「良心」に多くの人が達するためにはどうするのか、というのが問題提起なんです。

竹田――ちょっと整理したいんですが、私はどうも、今の若い人たちがこの過剰な自由の競争社会の中で困っているので、彼らをどう助けるか、という考えに傾かないのですね。そこでちょっと話がかみ合わなくなっている感じがします。私の関心は、むしろ「社会」と自分とを関係づけられるような考えを自分自身がどう構想できるか、という点にあるように思います。

たとえば、ヘーゲルやマルクスの時代では、社会の最も大きな弱点は、都市における最下層の貧民、仕事にあぶれた巨大な遊民層でした。今それはコミュニケーションスキルをもてない若者という場所に移っている。ある意味ではそれはきわめて大きな前進というほかない。しかし別の面からは、単に格差だけではなく精神的な空白の問題も現われている、ということですね。これを考えるときに、私なら、いちばん条件の悪い場所にいる彼らにどういう精神的な拠り所を与えるか、という問題からは出発しない。むしろ、自由社会の過剰な展開の中で、この社会のふつうの人間が「自己」と「社会」との自然なつながりの感度をもてなくなってゆく、ということが決定的に重要で、これを思想的に立て直すことができるかどうかが思想の分かれ目だ、という感じをもっているわけです。というのは、ひとことで言って、我々は今ほとんどこの「自由社会」の成り行きに可能性を感じられなくなっている。そこではじめは、マルクス主義が現われて近代の「自由原理」を「平等原理」で乗り超えようとした。しかしそれは完全に挫折して、つぎにポストモダン思想が現われ、近代の「自由原理」をとことん相対化しようとした。このままでは先がないと感じていたからであって、それは同感できる。しかしもしこの「自由原理」が必然的、不可逆的なものであるなら、「相対化」の思想は必ずどこかで反動形成になります。だから、むしろ近代の「自由原理」の本質をしっかり捉えて、その内側から、それが一方で作り出す大きな矛盾を克服する考え方を構想するしかない。私としてはそういう順番で考えるのです。

「良心」という概念は、そういう考え方の一つの軸になるというのが、私がヘーゲルから取り出そうとしている考えです。「良心」は、近代社会の進展の中で、自分の存在と社会とを関係づけて考えようとする、近代の倫理精神の一範型、というかいわば最後の範型です。もう一度簡潔に言うと、近代社会は、一方で、「享受」の自由な追求、自由競争の社会にならざるをえない。しかしもう一方で、新しい「善」の自由な追求を展開します。これまでのような「超越者」に対する信仰ではなく、つねに「社会に寄せる配慮」を作り出す契機、人々の社会的な「ほんとう」を求めようとする情熱です。近代社会（現代社会）がもし単なる享受の自由競争という契機しかもたなければ「自由社会」には先がない。それは、暴力の覇権原理の代わりに富の覇権原理に帰結するだけです。しかし、近代社会は「文化」の自由競争をも確保するので、

「社会的な配慮」の精神が必ず大きく現われる。それは近代の歴史を見ればすぐに納得できることで、社会の「ほんとう」が圧迫されるところではいたるところで命を賭した反乱が何度でも起きた。だから、近代社会では、かんたんには富の覇権原理が圧倒的専制をふるうということにはならないのです。ただ、大きな障害があって現代では、この「社会的」倫理精神は、自由な競争になっているために、互いに対立し、合意を見出すことがきわめて難しい、ということです。で、ヘーゲルは、その範型を「啓蒙」→「絶対自由」→「道徳」→「良心」という具合に描いていて、「良心」の範型は、いわば社会的な「ほんとう」が合意として形成されうる最後の可能性の原理を意味します。

はじめに現われるのが、ルターやカルヴァンに代表される内的な絶対的信仰、つぎにディドロ他の「啓蒙主義」、それから絶対自由つまりすべてを刷新する根本的革命への情熱、あるいは普遍的な義の追求、これはロベスピエール、そして内的な普遍的正しさの追求、これがカントですね。そのあと、「イロニー」という範型が出てきます。これは当時でいえばドイツロマン主義ですが、今でいうとなぜかポストモダン思想と対応するものです。でそのあと「良心」の範型が現われますが、そのポイントを敷衍して言うと、近代社会の個人の内的良心は、様々な困難を経験しながら進むなら、必ず徐々に「一般福祉」という概念に近づくこと、言い換えれば、これまで存在していた様々な外在的、超越的な倫理性の根拠は必ず没落して、この「一般福祉」だけが社会的普遍性つまり倫理性の原理として残る、ということです。「一般福祉」は広範な人々の生活水準一般の向上ということです。私は世界大ということを入れて「普遍福祉」と言っています。「良心」は、様々な個別的な倫理の根拠や個別的な理想理念が成立不可能になることを、善の自由競争の葛藤の中で自覚することになり、このことが現代社会の「公共性」、つまり「善」の信念対立が調停されうる考え方の唯一の根拠になる、という考えを含んでいます。

この考えは一見、共同体的な倫理の本質と背反的に思えるかもしれませんが、私の考えではそうではない。共同体的倫理の本質は、愛、同情、憐憫、相互扶助、共感、一体性などですね。こういった倫理性は具体的な人間生活にはいつでも必ず本質的なものであって、決して否定されえないものです。多くの伝統的な思想家が直観していたように、これらの原理が否定されたら人間の生活は枯れてしまう。なぜなら、それらは人間のいわば「真善美」という価値が生きて動くその源泉だからです。それで、まさしくこういう人倫の原理を、現象的な意味での近代的「自由」がおびやかすように見えるのだと思います。しかしじつは人倫の原理と近代の自由は背反的なものではなくて、共同体的な倫理はどこまでも我々の具体的生活の実質的なモラルではあるが、共同体倫理の影の側面である信念対立や排外性や差別などを克服するためには、どうしても近代的自由の相互承認という側面、つまり普遍的な公共性の側面を繰り入れなければならない、ということなのです。

そういうわけで、「良心」の概念は、現代社会の誰もがそういう境位に達するべきモデルというようなことではもちろんないし、またそんな事態はありえない。いろんな人がいて当然です。しかし、それは、近代人の倫理性がそこに向かうべき一般的傾性という意味をもっている。あるいは、もう少し別に言うと、もしそうでないなら、すなわち、それぞれの「社会への配慮」、公共的な社会精神が、個別の倫理性に固執して善の信念対立を克服する原理を作り出せないなら、現代社会は、多様な社会批判は出てくるけれど、それを実際に調停し、修正するような批判力を生み出すことはけっしてできない、という考えを含んでいるわけです。

繰り返すと、近代の「良心」は、はじめは現実の否定としての絶対者への強い信仰から現われ、信仰から離れて「絶対自由」の実現の情熱に向かい、またこれに挫折して内的な「正しさ」(道徳)に進み、しかし絶対的な理想の存在しないことを自覚して、絶対的に全てを批判する自由精神、イロニーを見出します。つまり、「良心」は、近代の社会倫理の可能なそういう類型を全て経験してきたために、ある重要な認識をもっている。それは一つは、人々の「自由への欲望」はいったん進展したら不可逆で、これを推し進める中で新しい社会倫理のありようを作り出すほかはないということ。

特定の精神的な美質（徳目）を社会倫理の基礎には据えられないということ、つまり、社会的な善は「普遍福祉」の向上という一般基準以上のものを持ち得ないということ。そして、どのような方向がそれをよく実現するかについての「全知」はありえないので、これを「福祉」（人々の幸福一般）の追求についての相互承認的ゲームに持ち込むしかないということ。これでうまく言えたかどうか分かりませんが、すなわち、「良心」の概念は、ちょうど「一般意志」が近代社会の「政治権力」の正当性の原理であるように、近代社会の「社会思想」の妥当性の原理なのです。

ですから、たしかに「良心」の概念は、べつに今困っている多くのフリーターやニートを助けるための考えにはならない。現代社会の社会倫理の可能性というような問題として出したので、ちょっと話がすれ違っていたように思います。

ともあれ、近代的自由の蔓延は、個々人の倫理や生き方の根拠を喪失させるのではないか、というのは誰もがいだいている懸念ですが、わたしの考えはむしろ逆で、近代社会を普遍的承認ゲームであるとはっきり認めたとき、社会自体が、一方で享受の自由な追求のゲームであるとともに、人間的、かつ普遍的な文化の自由な追求ゲームになる可能性をもっている。これを古い倫理性の概念のほうに押し戻すことはできない。近代社会はたしかに各人の勝手な自由を承認しあうゲームですが、人間の欲望が承認欲望を含むために、自己承認が社会性と背反しないような条件を高めることによって、近代社会は、その内的な倫理性、良心の契機を高めてゆく契機を原理としてもっている、というのが、わたしの考えです。

佐伯——竹田さんは哲学ではとおっしゃっても、言っていることはよく分かりますし、同意するんです。ただ、逆に言えばもっと根本的な異論があるということにもなるのですが。いわば良心をもって世の中を考えようという人たちを社会が生み出すだろうとおっしゃったけれども、近代社会の原理は、ある意味ではそういうものを否定しているのですね。社会全体のことなど考えなくてよい、考えるとすれば、それはその人の勝手で、いわばもの好きでやっているだけだということです。そういう余計な考えは持つな、として進んできたのが近代社会なんです。アレントの議論を参照していえば、卓越性や義務感によって個人が現われ出た公共的な世界は崩れてゆき、ささやかな私的利益にしか関心をもたない「社会」がのっぺりと広がってしまった。アリストテレスのような「公共の善」のようなものを否定してきた近代的な民主主義原理にしろ、個人の自由主義にしろ、すべてそうです。だから社会全体について責任を持つエリートというものを否定してゆくわけです。もっと言えば近代社会は、簡単に言えば、大衆化の壮大な運動だと思うのです。

キルケゴールの言葉を使えば、水平化の運動です。どんどん水平化していって、微細になり、更に平等化を追求しようというのが近代化の象徴です。共同体の解体を推し進めていき、教会を中心とする宗教的関係が崩れていくと、人間はどうしてもバラバラになり、個人主義化せざるを得ないし、個人主義化すれば一種のミーイズム、自己中心主義にならざるを得ないのです。こうした流れが近代化の必然的な方向だと考えてしまうなら、私は竹田さんのおっしゃることを基本的な問題としては全く同意するんだけども、近代化を推し進めた人たちが責任を持ってこの状況を引き受けざるを得ないのではないかという気がするのです。竹田さんがおっしゃったことは、近代主義の中から出てくる解答ではないと思うわけです。

　私は二つのことが考えられると思う。一つは徹底したポストモダニズムです。ポストモダニストとは、基本的にもう現代社会が後戻りできない、個人がみんなアトムのようになってしまう、そういうところまで承認するわけですね。完全にバラバラの社会にならざるを得ない。その方向をできる限り推し進めよう、というのがポストモダニズムです。もはや道徳や良心などの話しをしてもしょうがないというわけです。しかしそんなことはほとんど無意味です。

　それが無意味だとすれば、私の考えではもう一つの方向を目指す以外になくて、それはいわゆる保守主義、つまり伝統的なものや歴史的なものの中で、今でも役に立つ知恵に対してある種の社会的権威を与え、常にそれを記憶からほり返すことによって現代の様々な問題を多少とも修復させ、先延ばしにしていく。そういうやり方しかないだろうと思うのです。おそらくそういうことの中に、竹田さんのおっしゃったような相互承認という問題も当然含まれてくると思うわけです。

それから良心という言葉を私なりに言えば、『自由とは何か』という本では「義」という言葉を使っています。より日本的な言葉で言い表したのですが、我々は何を自由の価値とするのか、そのためにある程度自己犠牲をしてもよいという価値を含むことになるのか。ただ、それは責任を人に押しつける問題ではなく、自己が引き受けるものとして、自分はいかなるもののために生きるか、そのための「義」です。しかしそういうものは個人で考えろといっても無理ですし、現在の教育体制の中からは出てこないのです。とすると、歴史のなかで、我々はそういうものをどう扱ってきたのか。竹田さんのいう良心をどう扱ってきたのか。私の歴史解釈ということにもなりますが、そういうことをやっていくしかないと思うのです。

小浜——ここからまた議論が始まりそうな気がするのですが、時間がだいぶオーバーしていますので、最後に長谷川さんはどのようにお考えですか。

長谷川——最後の一言で問題を持ち出してしまうというのは、これまたルール違反ですが、ずっと近代の自由の話をしてきて、時々金儲けの話も出てきました。経済という言葉で改めて取り上げることはしませんでしたが、実はこの問題を考えるに当たってはやはり近代経済というものの特殊性、つまり人間の欲望を全開にして、儲けられるとなったら何でも作るということの特殊な経済のあり方ということと、いま話してきた近代における自由のあり方は切り離すことができないと思います。私自身は佐伯さんがおっしゃったように第二の道を探るしかないだろうという立場を取っているのですが、そのとき一番何を考えなければいけないかというと、イデオロギーとしての近代主義ばかりではなく、この近代経済のもつ伝統破壊の力がさし当っての手強い相手になるのではないかと思います。

小浜——はい。これで今日のシンポジウムを終わります。ありがとうございました。

『樹が陣営』31号（編集工房・樹が陣営、2006年）に掲載されたものに加筆修正を加えました

シンポジウムを終えて

小浜逸郎

このシンポジウムは、二〇〇五年七月九日、私が主宰する連続講座「人間学アカデミー」第四期の締めくくりイベントとして、「自由は人間を幸福にするか」というタイトルのもとに行なわれた。まずは、パネリストの役柄を快く引き受けてくださったお三方に、この場を借りて深く感謝したい。

お三方は「自由」の問題を討議するには最適のメンバーであるとの見通しが、私自身のなかにあった。結果は予測したとおり、たいへん中身の煮詰まったものになった。

私自身は当日、どちらかといえば司会役に徹して、お三方に存分にしゃべっていただくことを主眼にしていたので、自分の発言は問題提起程度に抑えて、長くしゃべることをできるだけ控えている。もっとも、仮にパネリストのポジションを与えられて、近代社会の自由の問題について長くしゃべってみろといわれても、お三方のように研鑽を積み深く考え続けてきた経緯があるわけでもないので、確たる定見を披露するというわけにはいかなかったかもしれない。だから当日は、それぞれのご意見をじっくり聞いて勉強させてもらうという司会者的な位置が適切なものであったと思う。

お三方の発言内容をトレースしてみると、それぞれに考え抜かれたものとなっており、私としては、正直なところ、こちらの言い分もわかるし、あちらの言い分も筋が通っているというどっちつかずの感想に落ち着いてしまうところがある。シンポジウムを終えたあとでも、腰が据わらずに迷っているというか、股裂きに合っているような状態というか、要するに、だれかの立場だけに特に加担するという心境にはなれない。

それでも個々の発言とやりとりに対して、私なりの所感を述べることはできると思うので、それを試みることにする。すでに記録化されたデータをもとに書き言葉で事後的に介入するというのは、後出しじゃんけんのようでずるいみたいだが、そこらあたりは、お三方の寛容なお心に縋るしかなく、どうかお許し願いたい。

我々は今「幸福」なのか
その問いから生まれる

このシンポジウムを企画するに当たって、私個人にとって最も関心があったのは、タイトルどおり、先進自由主義国家としての日本の住民である私たちが、生活意識のレベルでどれほど幸福感を手にしえているのだろうかという問題意識である。

歴史的にみて、近代化の過程における人類の課題が、できるだけ多くの人の「自由と豊かさ」「人権と平等」の獲得であったことは疑う余地がない。そして日本は、この課題を他の先進国同様、おおむね果たし終えた。今の日本には、目に見えて大きな抑圧や貧困が大多数の人々にのしかかっているとは言えない。

だが抑圧や貧困から抜け出すという国民的課題を果たし終えてみると、何となく気の抜けたような状態になり、私たちの生活気分には、老若男女を問わずどこかしら虚しさが漂っている。たとえば自殺者が年間三万人を超える状態がここ数年ずっと続いているとか、鬱病が蔓延しているとか、引きこもりやニートが後を絶たないとか、結婚したくてもできない人が大量発生しているといった現象がそのことを象徴している。私たち日本の住民は今、平均的にみて「幸福」と言えるのだろうか？

もっとも「幸福」ということになると、個々の実存の主観にゆだねられるし、その度合いを測る客観的な尺度があるわけでもない。「自由」という社会思想的なタームと、「幸福」という実存思想的なタームとを結びつけようとするのには、もともと無理があるのかもしれない。だから、この問題意識自体が的はずれであるとも考えられる。

しかしそれにもかかわらず、法的、政治的、経済的な意味での「自由」な社会の実現によって、私たち個々の実存者が何を得、何を失うことになるのかという疑問は、私から憑いて離れなかった。いわば主宰者の私的な関心にパネリストの方たちを強引に引き込んでやろうという、はなはだ迷惑な戦略を立てたわけである。

個人的な印象としては、この戦略は七割くらいは成功であったが、あとの三割は、やっぱり難しかったかな、というところである。もちろんこの三割の失敗感の責任は、ひとえに企画者側にある。

繰り返すが、私の問題意識の核心は、「自由」と「幸福」との関係にある。この場合、その内実は、一見矛盾するようだが、次の二つの問いに集約される。

①人間はよく言われるように、本当に「自由な存在」と言えるのか。人間は哲学的には、自然必然性の法則にそのまま従うのではなく、個人意志や行為における「選択の自由」を手にしていると考えられるとしても、そのことが人生全体における「自由な生」を保証するのか。むしろ、社会体制がどうあろうとも、生きているかぎり関係のしがらみを抜け出すことが不可能である以上、この世は理不尽で不自由である（浮き世はままならない）という生活実感のほうが大多数の人々にとって重みをもって受けとめられているのではないか。

②近代先進社会のシステムが法的、政治的、経済的な意味での「自由」を大衆的な規模で確保したことは、かえって厄介な実存的問題と倫理的問題を生みだしたのではないか。伝統社会が個人に嵌めていた共同体的な枠組みからの解放は、平均的な個人にとって、「存在の型」を喪失したぶんだけ、あてどなく非決断の時間をさまよわせ悩ませる新しい「生きにくさ」をもたらしたのではないか。多くの人々は、「どのように生きても君の自由だ」という幻想のお札を与えられることによって、このお札をど

う使ってよいかもち扱いかねているのではないか。一般に人間は個として「自由」であること（神なきこと、制約なきこと）に堪えられるほど強い存在だろうか。むしろ「幸福」とは、与えられた型（制約）を宿命として引き受け、そのなかで生きることの延長上でしか得られないものなのではないか。

さて、この二つの問いに対して、パネリストの方たちは、それぞれに大きな示唆を与えてくれている。それを具体的に検討していきたいのだが、その前に、議論の流れをごくおおざっぱに概括しておこう。

人間が抱える根源的不自由そこから議論が始まる

まず長谷川さんは、人間は生まれてくることと死ぬことという根源的な不自由を抱えている事実を指摘し、仏教における「自由」概念や『パイドン』における魂の永遠性への配慮のなかにその克服の契機をみようとする。

それを受けて佐伯さんは、近代的な自由の概念は、まかり間違えば「人を殺す」自由をも許容しかねないものであり、古代ギリシアには保たれていたはずの「善い生き方」にコミットする責務の感覚を失ってしまったという近代批判を繰り広げる。

これに対して竹田さんは、古代と近代とを問わず経済が進展して旧世界が変質していくときには、伝統的、共同体的な善と成功ゲームにおける善との間に分裂が生まれると指摘する。そしてそれは近代では多極化し、時には放埒な自由の横行やイデオロギー的な善の闘争としてあらわれるが、時計の針は元に戻せず、各人の「享受の追求の自由」を前提とした上で善の根拠を新しく問い直すのでなくてはならないことを強調する。

中心話題はルソーの評価に移る。

佐伯さんは、ルソーが古典的な共和主義者であり貴族制を理想としていたと指摘した上で、一般意志が全員の生命財産の安全保持である以上、民主主義政治のレベルではこの共通利益のために国民一般の命を投げ出せという全体主義に転化する危険があると説く。

これに対して竹田さんは、近代社会が王や神などの超越的な裁定者を許容しない社会である以上、万人の利益追求の自由を確保しつつ、全員の合意による「人民主権」の統治原理を取り出す以外にはなく、ルソーの一般意志と社会契約の概念こそは、それを打ち出したものであると述べる。

さらに佐伯さんは、ルソーにもヘーゲルにも共通しているのは、人間は生命財産を守るだけではなく時には命を投げ出しても尊厳を保たなくてはならないという古典古代的な人間理念であり、そのロジックが入り込んでいるために、近代国家の原理は個人との関係を考える上で厄介な二重性を抱え込んでいると指摘する。

竹田さんは、これに対して、ルソーやヘーゲルは近代国家創設期の思想家であるという背景を踏まえた上で、自由を守るためにはコストが必要だという考えと、国家が命をかけるにたるその理由であるという考えとの間には大きな隔たりがあると応じる。むろん、前者の考えが、ルソーやヘーゲルのよいところを現代に適合するように編み変えたものだということになる。

国家論はこのあとも続く。中心テーマは、近代国家の二重の側面、社会契約論的な枠組みによって成立している合理的な面と、ローカルな伝統や文化や習慣の流れの上に成立している歴史的な面との矛盾をどう考えるかという点である。

竹田さんは、そのことをもちろん認めるが、両者は時間的スパンを異にしており、具体的に自分たちの国家の将来をどう構想するかというときには後者の側面を無視できないが、近代国家の本質はやはり前者にあると述べる。

佐伯さんは、アメリカを社会契約論的な国家の典型ととらえ、しかもそれはほかにはみられない特殊な形態であり、契約説に対して批判的なヒュームやバークを援用しつつ、やはり後者の側面を国家の存立根拠として重視する。

長谷川さんはこれをさらに補強するかたちで、社会契約を国家の正当性と考えるよりは、永年の習慣や伝統こそはむしろ正当性の根拠なのだと述べる。

これに対して竹田さんは、どの近代国家においても政治体制の流れが例外なく絶対君主制から議会制民主主義への移行をたどってきた経緯を説き、政治を支える原理が覇権の原理や慣習の原理から契約的な合意のゲームに移っていく流れの不可逆性を強調する。この過程と、生命の確保という条件が満たされた社会では各人の「自由」の追求とその利害の調整とが必ず中心課題となってくる過程とは対応しているというのが竹田説である。

議題は次に、「自由」が相当程度行き渡っている先進国で、個人の生き方はどうなっていくのかという点に移る。先に私が個人的な問題意識として掲げておいた②にかかわる幸福論的なテーマである。

まず佐伯さんは、オルテガの説く「大衆社会がはらむ人間的な危機」の問題を援用し、各人が自由に幸福を追求するようになった現代社会では、人々がかえって社会的な承認の実感を抱けず、自分の人生に確信も充実感も持てなくなっていると指摘する。「自由」が勝ち取るべきものとしてあるのではなく、あらかじめ与えられてしまっていることが問題であるという認識である。

これを受けて長谷川さんは、自由が行き渡っている現象は同時に崩壊の現象でもあるととらえれば、なぜ私たちは不幸なのかを解く鍵になると言う。

竹田さんは、近代ではヘーゲルの言う「自己意識の自由」を足がかりにして自己価値を実現するという課題を一人ひとりが負わなくてはならないため、競争における挫折という問題は普遍的に発生する可能性があるが、それは自由な社会が「原因」であるわけではないので、自由の抑制や古き良き共同体的な規範の再建によっては問題は解決しない。むしろニーチェが説いたように、自由を反道徳として恐れず、神に頼れなくなったニヒリズムを徹底させよと言う。

これに対して佐伯さんは、フリーターやニートの問題は、リベラリズムやデモクラシーをよしとして、それを人間社会の進歩だと単純に考えた思想が生み出したものであり、ヘーゲルのように「自己意識の自由」を出発点として問題把握をするよりは、意識化されない生活のなかでの思考習慣のようなものを掘り起こし再確認する方が大事であると述べる。ヨーロッパではキリスト教という宗教的な規範があった上での「個人」だが、戦後日本は占領国アメリカの「自由」理念を頭に戴きながら、元来の日本的な利己を胴体とする奇妙な二重構造になってしまったためにエートスの空洞が生じているという重要な指摘もある。

ここで長谷川さんが、「大人」になるとは生の不自由に対する「諦念」を抱えることであり、そのことの大切さが見失われているために、辛抱の力もなくなっているので、子どもから大人への通路について再考すべきだと提言する。

竹田さんはこれを受け、若い世代の問題がコミュニケーション不全など、承認関係の受け入れの困難にあることはたしかだが、それは（大人が考えて若者に与えるような？）変革思想や救済思想やユートピア思想の問題ではないとする。ではどういう考え方をすればよいか。ヘーゲルの言う「良心」の境位が参考になるが、これは自分の信念の絶対的な正しさに固執するのではなく、自由の相互承認の必要性を認めて和解と宥和を模索する努力のうちに「普遍性」の具体的な内実を見いだそうとするものである。この観点からすれば人倫の原理と近代の自由は背反するものではなく、近代的自由の相互承認という公共性の側面を繰り入れることによって、伝統的な共同体倫理の影の側面（信念対立や排外性や差別をはらんでしまうという側面）を克服することができるとする。したがって社会システムの公準は、普遍的承認ゲームと一般福祉の確保という二つの課題に収斂する。

ちなみに途中で、長谷川さんの「それは完全に十七条憲法だ」というユーモラスな茶々が入るが、この茶々はなかなか効いている。たとえば十七条憲法の第十条には、それぞれに自分がこれだと思うことがあって対立するが、だれでもお互いに賢くもあり愚かでもあるのだから、相手が憤っていたら自分に間違いがあるのではないかと恐れよという意味のことが書かれているからである。

さて、これに続いて佐伯さんが、しかし近代主義はむしろ社会の問題を公共性にもとづいて考えようとする「良心」のあり方を否定し、エリートを否定する大衆化、水平化の運動という側面をもっと指摘する。そして個人がアトムのようにばらばらになってしまうことを承認するようなポストモダニズムに意味がないとすれば、今でも役に立つ知恵を記憶から掘り返して現代の問題を修復し、先延ばしにしていくという保守主義のやり方しかないだろうと結論づける。

最後に長谷川さんが、イデオロギーとしての近代主義ではなく、欲望を全開にしてしまう近代経済の特殊性と近代的「自由」との密接な関連について議論する必要を説いて、シンポジウムは終わる。

「自由」の実感を果たして誰がもっているか

以上、かなり粗っぽいまとめになったが、これをざっと総覧した上で、ふたたび私個人の二つの問題意識に戻って考え直してみる。

人間が法的、政治的、経済的な「自由」を手にしたとしても、私的生活の具体的な局面では、大多数の人々は関係のしがらみや生存の条件に絡め取られており、「自分は自由に生きている」という実感を手にしているとはとうてい言えない。たとえば私が間接的に知る例にデフォルメと合成を加えて、いくつか書き出してみる。

ある中高年女性は夫婦共働きで職は安定しており収入には問題ないが、すでに二十歳を過ぎた長男は半ばひきこもりで高卒の資格も持っていず、しかもその長男は厄介な身体的病気を抱えている。ときおり感情のコントロールができなくなることもあるという。夫があまり協力的でないので、長男の将来に対する心配は彼女が一手に背負い、毎朝五時半に起きて家族全員の弁当を作り、職場に駆けつけ、退社後帰宅するとただちに夕飯の支度をしなくてはならない。几帳面な性格で、仕事はきちんとこなすが、歳のせいもあって人生に疲れを感じてきている。酒や趣味で憂さを晴らすこともかなわず、毎日が職場と家庭の往復で埋め尽くされている。冗談交じりに「私の人生はもう終わりだ」とか「蒸発しちゃいたいな」などと漏らすそうである。ここにはどう考えても「自由」の実感はないと見てよい。

ある中年男性は従業員数人の個人企業を経営していたが、経営状態はじり貧だった。いっぽう彼は、仕事とはまったく別に、どうしても果たしたい夢を抱えており、それを果たすための時間を確保する必要があったが、これまでのノウハウを生かした一社員の身分になれば、傾きかけた経営にまつわる悩みからも解放され、いくらか時間的余裕もできるかと考えて、経営を人に譲り、サラリーマン生活をはじめた。ところが新しい職場は、多忙な上に上司との関係がうまくいかず、これまでよりも苦しい状態に追い込まれた。今彼は新しい転職先を見つけたが、そこでは社長に実力を認められたため、むしろ重用される可能性が高い。そうなると、さらに時間的余裕は見込めないかもしれない。収入は安定するだろうが、「自由」を求める彼の旅は思うにまかせず、かえってますます運命に翻弄される結果になってしまいそうな懸念がある。

ある中高年女性は、パート仕事と成長期の子どもを抱えるかたわら、永年パーキンソン病を患う実母の介護に追われてきた。この病はよく知られるとおり、症状が進むと意思疎通が難しくなるためしばしばあせりやいらだちから介護者に対してわがままを発揮しやすい。自分のお金に細かく執着するような痴呆症状も出てきている。夫は理解ある優しい人で夫婦関係は良好だが、経済状態はあまり豊かとは言えない。我慢強い人だが、ときおり「私の人生の大事な時期は介護の日々で費やされてしまった」と夫に愚痴をこぼすことがあるという。しかもここに来て、それまでほとんど面倒をみてこなかった妹との不和が浮上し、一触即発の危機を迎えている。遺産問題も明瞭に話し合われた形跡はない。母親を放置して恬然と恥じないのでもないかぎり、彼女に、「自由」に生きる境遇は当分訪れては来ないだろう。

これらの事例が格別特異なケースではないのはいうまでもない。大方の人の日常性は、多かれ少なかれこれらに類する、またこれらとは別種の、悩み、苦しみ、懸念、心配、不安、つらさ、解決不能感といったものによって彩られており、しかも人生につきもののこうした「不如意」は、もともとどこへももって行き所のないたぐいのものである。周囲の人々のサポートや関与や時を経たうえでの解決はある程度までは期待できるが、特定の関係と境遇を生きる個々の当事者にとって、「自由」の実感が幸福感と結びつくかたちで恒常的に持続するということはまずないといってよい。

一般庶民は暗黙のうちにそのこと、つまり私的生活の問題は私的に克服していくほかないものだということを心得ている。そうして彼らは日々堪え忍んだり、やり過ごしたり、個別に解決を図ったりしているわけである。その具体的な過程に、思想理念としての「自由」といった観念が入り込んで生活感情を一変させるような余地はあり得ないのではあるまいか。

人々が「自由」を幸福感と結びつけて実感できるのは、せいぜい、悩ましい関係のしがらみや抑圧的な事態から解き放たれる、その瞬間にともなう運動感覚のかたちにおいてにすぎない。これは、文脈はまるで異なるが、佐伯さんが『自由とは何か』のなかで紹介しているバーリンの「消極的自由」「……からの自由」の概念に近い。じっさい一般人が「自由」を肯定的なものとして実感できるのは、そういう瞬間に限られるのではないか。

私は、公的（法的、政治的、経済的）な問題としての「自由」というテーマに、ことさらそれとは次元の異なる生活者的問題をぶつけることで見当違いを犯しているかもしれない。だが自分自身も参加したシンポジウムの全体的な枠組みに対して、わざわざ意地悪をしてまぜっかえすつもりはないのである。

問題はこういうことなのだ。

かつて小林秀雄は「あらゆる思想は実生活のなかから生まれる。併し生まれて育った思想が遂に実生活に訣別する時が来なかったならば、凡そ思想というものに何の力があるか。」（「作家の顔」）と述べた。この言葉は正しいとしか言いようがない。しかし、この正しさは、いわば思想という運動における「往路」を追いかけたものとしての正しさに限定されるのであって、思想の有効性ということをいくらかでも信じるならば、その「復路」もまた射程に入れなくてはならない。「復路」とは、いったん実生活に訣別した思想が、どのようにしてふたたび個々の実存的な問題のほうに降り立ち、そこにたしかな接触点を見いだしうるかという、その過程のことである。

この思想の「復路」ということに執着するかぎり、たとえば「自由」という公共的なテーマが公共的なかたちで、いいかえると知識人的な言説のかたちで論じられること自体が、はたして個々の生活者にとって「自分の抱えている切実さについて語ってくれている」という実感を与えることになるかどうかという問題に関心を寄せざるを得ない。「自由」をめぐる知識人的な言説の運びと、生活者の庶民感覚との間に乖離はないだろうか。両者にうまく橋を架けることに思想は成功しているだろうか。けだし、生活者の日常的な関心はひとえに「私たちはどうすれば幸福を実感できるか」にあり、「自由の理念が公的な意味でどれほど、どういうかたちで実現・保障されているか」などというところにはほとんどないからである。

照らし出された近代が抱える「生」の問題

では私たちのシンポジウムはこの点においてどうだっただろうか。

私の個人的な判断では、この問題は、議論が全体として政治哲学や社会哲学を中心として展開されたために、残念ながらあまり追究されなかった感が否めない。それはだれが悪いわけでもない。知的、公開的な言論の場では、一定の抽象水準を保ちつつ議論が進行するのは仕方がないことである。「そんなこと、ふつうの人はほとんど興味もってないですよ」と私が一発かましてもよかったのだが、それでは企画者の自殺行為である。

しかし、主として長谷川さんの発言のなかに、この問題のヒントはあった。

長谷川さんは、生まれてきてしまうことといつか死んでしまうことにまつわる根源的な「不自由」にがっちりと両脇を固められて私たちの生があることに注意を促していた。それに比べれば市民的自由などは鼻くそみたいなものだという過激な発言もある。また彼女は、大人になることを「諦め」を自覚することとしていた。

たぶんそうなのである。福田恆存も言うように（『私の幸福論』）、あるところで諦めなければけっして幸福感情はやってこない。これは仏教的な「悟り」の境地をすすめることに近いが、ただ、仮に個人が個人として悟りの境地に達して融通無碍の「自由」感を獲得したとしても、それだけで日常的にはめ込まれている「関係」が強いてくる現実的不自由が解消するわけではない。また欲望や日々の煩悩の克服を万人が成し遂げることなどそもそも不可能事である。長谷川さんも言っているように、私たちはどうしてももう一度「泥にまみれ」て根源的不自由を引き受けるのでなくてはならない。

そうだとすると、「市民的自由」を私たち一人ひとりがどう扱うかという社会的な問題も、知らんぷりして見過ごすわけにはいかなくなる。これを「市民的不自由」をどう扱うかと、逆にいいかえてもよい。近代市民社会が、各人の自由な欲望の交錯する修羅場、関係の葛藤の場としてある以上、どのような社会調整の原理を見いだしたらよいのか（権力はいかにあるべきか）といった、マクロなレベルでの社会思想を立ち上げる必然性もおのずから生まれてくるというものだ。願わくはそれが、その方法的限界をわきまえつつ、その方法にふさわしい仕方で個々の実存問題もなるべくすくい取り得るような精緻なものに仕上げられることが望まれよう。「天網恢々疎にして漏らさず」が理想である。

現代社会の公準が各人の「自由」の相互承認ゲームと一般福祉の確保に収斂するという竹田さんの社会思想としての原理に、私は全面的に同意する。じっさいに現状認識としても、近代先進国家は、その「善意志」の部分に私たちが一定の信託を寄せて観察するかぎり、市民的な「自由」を認めつつその自由意思がもたらす相克をどう調整するかというところに権力行使の主力を注いでいる事態が確認できる。「社会的な関係」を取り結ぶ存在としての人間のルール感覚の歴史は、全体として竹田さんの指摘するとおりの方向に動いている。

佐伯さんもそのことに異を唱えて覇権の原理にもとづく国家形態の復活を唱えているわけでは更々ない。ただおそらく佐伯さんの危惧は、「個の自由」にもとづく契約社会というリベラリズムの原理だけをたよりに、それを一種の「当為」として積極的に押し出すことが、社会関係をますますばらばらな競争的・敵対的なものに解体し、調整機能としての市民国家の存続すら危うくするのではないかという一点にあると思われる。

私はいっぽうでこの佐伯さんの危惧にも共感する。世界のマクドナルド化による伝統の破壊や文化的慣習の軽視や中間共同体的な絆からの「解放」の力学的な作用は、かえって個人の生そのものを寄る辺ない存在論的な不安に陥れ、「幸福」をもたらさないのではないか。何らかの「まとまり」の意識を欠いたところに歯止めない「個の自由」の乱舞をそのまま承認すれば、各人の存在論的な不安に乗じて、場合によっては一気に強大な全体主義的専制国家を招来しかねないとも考えられる。

竹田さんにこの自覚がないわけではない。彼は、「個の自由」を無際限に認めろ、国家にはいつも反対していろなどという、頽廃したサヨクのようなことを言っているのではけっしてない。それどころか、むしろ近代国家の存立根拠を力強く説いていさえする。また愛、相互扶助、共感など、共同体的な倫理の核心をかたちづくる要素は、真善美が具体的に生きて動くときの源泉だという発言もある。ただ、万人の自由な享受の欲求を「当為」としてではなくもはや動かし難い「存在」として公平に認めた上で、社会秩序の構成プランを編み出すのでなくてはならないという主張なのである。

だから誤解しないように注意すべきなのだが、竹田さんは、もともと自分の言説を、社会構成や政治体制の原理はどうあるべきかという領域に限定して、その上で「自由の相互承認」というテーゼを提出しているのであって、個々の実存がどう生きるべきかという問題に解答を与えようとしているのではないのである。その役割に彼が徹しているかぎりでは、そこに反論をさしはさむ余地はないと思う。

この領域の限定には、自立的で対等な個人あるいは集団同士の関係という「場」の前提が必要である。ありていに言えば、親と幼い子ども、ぼけた老親とそれを介護する子ども、恋愛する男女などという私的・具体的（私の言葉ではエロス的）な関係には「自由の相互承認」の原理は適用できない。しかしだからといって、この原理が生活の実態をみない単なる空中楼閣だと批判することもできない。自立した対等な個人あるいは集団同士の関係というフィクショナルな相互了解が成り立つ「公的・社会的な関係」の場面では、この原理は動かし難い理念の位置を占めている。

だが、実存思想家として出発した竹田さんのキャリアを考えると、竹田ファンのひとりである私としては、そこにないものねだりの不満を感じないでもない。最新の広角レンズを仕込んでひとまわりもふたまわりも大きくなった竹田思想の視界に対して、竹田さん、実存問題にもう一度戻ってきてくださいよ、と呼びかけたい気がしてならないのだ。

こう考えてくると、佐伯さん、長谷川さんと竹田さんとははたして「対立」しているのだろうかという疑問が湧いてくる。私には、両者は、近代において「自由」の感覚が大衆化した状態が不可逆なものだという共通の歴史認識を踏まえた上で、「実存的な生」の部分にあらわれる問題と、「社会」の構成原理がどうあるべきかという問題という、それぞれに異なるまな板で論陣を張っているように見える。玉虫色的な言い方になるが、そのことは同時に、議論が単に平行線に終わっていることを意味するのではなく、いわば近代が私たちにもたらした人間的な生のあり方全体がはらむ問題構成を、違った角度から相互に照らしだし補完する関係になっていることを意味する。

「自由」を「幸福」に結ぶには何が必要なのか

ここからは、シンポジウムのじっさいの発言内容からは離れて、私が勝手に「近代の自由」について思うところを述べることにする。

すでに記したように、竹田さんは、自己価値の追求ということが課題となってしまった近代の過程が不可逆であることを何度も強調している。私もそう思うし、他のお二方もそれは認めるであろう。

この事態を社会制度的なくびきからの解放ととらえるなら、それは肯定的な意味での「自由」の実現の可能性が開けたこと、生きる選択肢が増えたことを意味するから、そのかぎりでもちろんよいことである。そこには、人間が互いに交渉しあうことによってこれまでの殻をうち破り発展してゆく生き物であるという存在本質からして、歴史的な必然性があったと言える。

ほとんどだれもが、封建時代の身分制度や特権社会や貧窮状態に戻りたいとは思わないだろう。もしそういうことを本気で語る人がいるとすれば、それは、時代の制約とか、体制の苛酷さといったものへの想像力が欠落しているか、そうでなければ、近代社会に対する批判意識や懐疑精神を、あえて「かつての時代」に仮託して確信犯的に方法化した上で語っているかどちらかである。

いずれにしても、貧困からの身売りや、身分制度の桎梏や、戦乱や、残酷な刑罰や、医療の未発達による乳幼児の死亡などが当たり前であった時代を、今の時点から顧みて（そうすることしかできないので）、近代よりも「よい」時代だったなどと結論することはできない。

だがここに、「幸福」というパラメーターを導入すると、おのずと違った光景が見えてくるのも事実である。かつて保守派の領袖である西尾幹二さんが何かの本で「封建時代にはその時代なりの幸福があったはずである」という意味のことを書かれていたが、私もそう思う。しかし封建時代のほうが人々は今よりも幸福感をもって暮らしていたとか、逆に近代化によって人々の幸福感はより増大したとかいうことはできない。それは本来比較不可能な事柄に属する。

問題は、はじめに述べたことの繰り返しになるのだが、この「自己価値の追求が人々にとって普遍的な課題になった」という事態が私たちの生き方に新しい固有の不幸や困難を生み出してはいないかという点である。その不幸や困難のあり方を、他の時代や社会との比較によって結論づけるのではなく、あくまでも「自己価値の自由な追求」という近代人にとって逃れられない人生上のテーマから導きだし、輪郭づけてみせるのでなくてはならない。また、「自由」な時代の幸福や不幸のかたちを語るのに、一部の特殊な人（たとえば特異な個性や才能の持ち主）にとってのそれに着目するのではなく、あくまでも平均的な生活人の意識のあり方に焦点を合わせるのでなくてはならない。

「自己価値の自由な追求」という不可避的な課題が、平均的な生活人の幸・不幸の意識に及ぼしている効果を考えるにあたって、具体的で重要な社会的指標は何だろうか。私は二つの側面を重視したいと思う。

一つは、職業選択の「自由」が法的に保障されており、その「自由」が平等に活かされるために教育の機会均等が徹底され、その結果、高度な（長期にわたる）学校教育が大衆化したという事実である。そしてもう一つは、「いえ」の存続という伝統的な観念が崩壊し、それに代わって恋愛や結婚や家族形成の「自由」の観念が行き渡り、それらが個人選択の問題になったという事実である。

前者について指摘しなければならないことは、現代の学校教育が、身分制度下における徒弟制度や家業手伝いのように、年少のころからの具体的な人生決定の効力を持っていず、多様なメニューを与えはするが、「職業存在として何になるか」の意思決定は子どもや若者の「内面」にゆだねられるという点である。しかもその意思決定を迫られる時期は、高等教育が大衆化すればするほど、先延ばしにされる。そこに現代独特の不安心理が形成される。不安心理がいつまでも終わらないということは、どう見ても「幸福」とは言えない。

私の根底的な人間観によれば、平均的な人々が自分の社会的アイデンティティを幼い時期から内面的に自己決定できるような条件を手にしているということは、まずない。これはどの時代でも同じである。したがって、「お前はこういう家に生まれたのだから、このような人生を生きるのだ」という強制から解放されると、たちまち何をして生きていったらよいのかわからなくなるのがふつうである。

ちなみに私が教えている大学で、百人近い学生に、「これから何になるか決めている人」と聞いてみたら、手を挙げた学生はひとり、「まだ決まっていない人」と聞いてみたら、相当数が手を挙げた。

「大人になったら何になりたい？」という問いそのものが、近代に特有の問いなのである。それで、「個性を伸ばす」という抽象的な名目のもとに多くの「可能性」が展示されるが、「個性」など大多数の人々が持ち合わせているはずもないので（大多数の人が持ち合わせていたらそれは「個性」ではない）、可能性は可能性だけで終わり、相当の高年齢になって職業人生を歩み始めるその時点で、ロマンの挫折を味わうことになる。「自由に自分の個性を磨いてよい」と言われることは、多くの若者にとって、まっさらに広がる砂漠を前にして、自分の目的地までの道を見つけよといわれることに等しく、一種の強迫観念であり、重荷なのである。引きこもりやフリーターやニートが大量に輩出するのも、多くの若者に何となく目標喪失の倦怠気分と鬱気分が漂っているのも、この成熟した近代社会における学校教育の大衆規模での長期化・抽象化というところに要因の一つがある。

長谷川さんの言う「規範の崩壊としての自由」という言葉の「規範」とは、単に道徳的な意味合いではなく、自分の人生を具体的な節目をもって律していくための社会的な枠組みという、より広い意味に解されなくてはならない。

恋愛・結婚・家族形成が、個人の自由意思にゆだねられている点についても、事情は同じである。

「選ぶ自由」が増大するということは、同時に「選ばれない自由」も増大するということである。どんどん積極的に異性を求め、しかも思い通りに相手をゲットできる人など少数派であろう。社会学者の山田昌弘さんの調査によれば、恋人がいない人の率、異性の友人もいない人の率は、かつてに比べて増大しているとのことであった。

「恋愛の自由」イデオロギーは、特定の若者たちの刹那的な性的出会いを増やしているかもしれないが、長期にわたる人生時間を見込んだ実《じつ》のある出会いの機会をかえって減らしているのである。性的な「自由」の蔓延は、「この人」に決めるというモチベーションを低下させ、かつ、「理想の結婚相手」としての選択を迫られた場合、その理想水準を個人のなかで高める。「白馬の王子さま」はいつまでたってもあらわれない。だからミスマッチが起きて晩婚社会になるのである。

男女は一定の年齢に達したら結婚すべきものという社会的な規範が崩壊しているので（結婚しようがしまいが個人の「自由」なので）、選ばれる条件に恵まれない人（もてない人、職場に異性がいない人、経済的メリットを所有していない人、消極的な人など）は、ますます選ばれなくなる。ここに恋愛の「自由」市場の成立にともなう、格差の拡大という事態が必然的に出現する。

政府は少子化対策に厖大な資金をつぎ込んでいるが、やっていることは、すでに結婚していてある程度高収入が期待できる共働き夫婦のための育児支援策などであって、これは、結婚以前の男女の意識（自由恋愛心理）を把握しない見当違いというべきである。日本人は婚外子を嫌う。少子化を問題にするなら、結婚に対して「個人の自由」という意識を徹底させている未婚の男女に、結婚を促すようなインセンティヴをまず与えるのでなくてはならない。同じ税金をつぎ込むなら、豊かでない若い単身生活者の経済水準を上げること、異性の出会いの機会を増やすようなイベントを全国的に展開することなどを考えた方がまだましである。

私は、結婚が人生の「幸福」につながるなどと言いたいのではない。もちろんそんなことは言えない。厳しい生活の現実が待っていることは先刻承知である。ただ、できれば結婚したい（人生の節目を作りたい）と思っている若い男女にとって、彼らの「自由」恋愛心理・「自由」結婚心理こそが、実のある出会いの機会を少なくし、選択や決定を先延ばしにしている要因の一つであることを指摘したいだけである。結婚が必ずしも幸福をもたらさないことは事実であるにしても、いっぽうで、「個の自由」という思想の浸透が、多くの人々にひとりでいることの孤独や不安に耐えなくてはならないという心理的な負担、つまりは不幸感をもたらしていることも事実なのである。繰り返すが、平均的な人々は、そんなに強くないのだ。

以上、「自己価値の自由な追求」が、実存としての人間を必ずしも幸福にしない側面に光を当ててきた。このことと、個々の生活者の現実が関係のしがらみにとらえられて「自由」を実感できていないこととは、一見そう見えるようには矛盾していない。この事情をひとことでまとめるなら、「幻想」あるいは「夢」としての自由と「現実」としての不自由とのギャップを、個々の生活者のだれもが抱えながら生きているということになるだろう。

近代人の生は、「自由」であって「自由」ではないのである。理念やイデオロギーの角度から近代人の生活を見るかぎり、彼はかつての時代に比べて格段に「自由」である。しかしそれはあくまでも、何人も否定できない「当為」や「可能性」の感覚としてであって、私たちの一人ひとりが、実存のレベルで「幸福」と結びつくかたちで「自由」を謳歌しているわけではない。そしてこれからもそんなふうになることはないだろう。

私たちは、「自由」であろうとする構えを大切にしつつ、この世の「根源的な理不尽や不自由」に向き合うのでなくてはならない。「自由」を「幸福」と結びつけて実感できる機会を少しでも増やすには、ときには積極的に大きな「不自由」や「制約」を選び取ることも必要となろう。その選択が可能なのも、人間が「自由」であればこそだと、かろうじて言えるかもしれない。

人間の自由を考えるおすすめ本

長谷川三千子◎選

1● **『正法眼蔵』**（一〜四）道元著（水野弥穂子校注／岩波文庫／［一、二］1990［三］1991［四］1993）

日本語の「自由」は、禅宗における「自由解脱」がもとになって、liberty, freedomの訳語として用いられるようになったものと考えられます。その、大もととなる、人間の自由、解脱とはどういうものかを知るための必読の書がこれです。これだけでは難しいと思う人には、ちくま学芸文庫から、森本和夫さんの『『正法眼蔵』読解』（全十巻）も出ています。

2● **『パイドン』**プラトン著（岩田靖夫訳／岩波文庫／1998）

哲学書は固苦しくて読みにくい、という先入感をお持ちの方に、ぜひおすすめしたい一冊です。一篇のドラマとして読むうちに、哲学論議に引き入れられている、という「哲学書」です。詳しくはシンポジウム本文をご覧ください。

3● **『国家』**プラトン著（藤沢令夫訳／岩波文庫／1979）

これもシンポジウムに登場してきた本です。ここではプラトンが、政治の領域における「自由」というものの危険性をもっともストレートに語っています。哲学史上のクラシックとされている名著ですが、ところどころ、リアルな世相批判に、くすりと笑いたくなるような部分もあります。

4● **『リヴァイアサン』**（一〜四）ホッブズ著（水田洋訳／岩波文庫／［一、二改訳版］1992［三］1982［四］1985）

近代の人権思想が〈自分の生命を維持するために、他人の生命を奪うことすらできる自由〉という観念から出発していることを知っている人は、余り多くはありません。このシンポジウムでもちょっと話題になった話ですが、それを直接に自分の目で見てみるには、この本を読むのが一番です。

佐伯啓思◎選

西欧の哲学や政治学はほとんど人間の「自由」ということをテーマにしているので、西欧思想そのものが壮大な「自由論」という趣をもっています。ですから、プラトン、アリストテレスから始まって、アウグスティヌス、スピノザ、ホッブズ、カント、ルソー、ヘーゲル、マルクスから、ニーチェ、キルケゴール、ハイデガー、サルトルといったお馴染みの思想家のいずれもが「自由」を考える場合の基本文献ということとなるでしょう。しかし、それらについては改めて紹介するまでもないでしょうし、座談会でも議論になっているので省略します。ここでは私自身が示唆を受け、是非皆さんにも読んでおいてもらいたいと思う書物をあげておきます。まず西欧思想から。

1●『**フランス革命の省察**』エドマンド・バーク著（半澤孝麿訳／みすず書房／1997）

いうまでもなくイギリス政治思想の古典だが、フランス系の社会契約論や啓蒙主義の政治思想の影響の強いわが国では未だに十分に取り上げられているとはいいがたい。革命を否定したイギリスにおける近代的「自由」の意味を理解する原点である。

2●『**革命について**』ハンナ・アレント著（志水速雄訳／ちくま学芸文庫／1995）

フランス革命とアメリカ革命の比較によって、古典的な共和主義の「自由」の意味を浮かびあげる刺激的な書物。西欧思想の中を流れる政治的自由の意味を考えるには必読の一書であろう。

3●『**自由論**』アイザイア・バーリン著（小川晃一ほか訳／みすず書房／2000）

西欧思想史の中に二つの「自由」を区別した自由論の名著。ファシズムや全体主義を帰結しかねない「積極的自由」と、アングロ・サクソン的な個人主義的な「消極的自由」の区別は西欧の近代的「自由論」の出発点である。

4●『**自由の条件**』Ⅰ～Ⅲ、フリードリッヒ・ハイエク著（気賀健三ほか訳／春秋社／［Ⅰ］1986［Ⅱ、Ⅲ］1987）

いわゆる新自由主義の中心的思想家の主著。自由社会の秩序を作るものは何か。自由と民主主義、法の関係は、といった基本的な問題にひとつの体系的な答えを与えた。

5●『**自由主義と正義の限界**』マイケル・サンデル著（菊地理夫訳／三嶺書房／1999）

80年代のアメリカを舞台としたリベラリズムとコミュニタリアンの論争の中で生まれた成果である。コミュニタリアンの立場にたって、ロールズのリベラリズムの限界をついた書物として名高い。

以上は、西欧思想の文脈で生み出されたものです。「自由」という概念はもともと西欧思想の中で鍛えられてきたもので、「自由」が、日本の文脈の中でいかなる意味をもつのかは未決の大問題です。「自由」に相当するものが、日本や東洋の文脈でいかに理解されてきたのを知ることはことのほか大事だと思います。以下はそのための書物。

6●『**文明論之概略**』福澤諭吉著（岩波文庫／1995）

いうまでもなく近代日本が生んだ最高の書物。これほど西欧思想を流れる共和主義的な自由の精神を的確につかんだ書物はめずらしい。と同時に、それを日本の近代的政治原理にすえようとすることの困難さを論吉は良く知っていた。

7●『**日本人の心**』相良亨著（東京大学出版会／1984）

これは「自由」を論じたものではないが、日本思想の中で、「自由」にあたるものがいかに理解され感受されていたかを知る上で重要である。日本思想が西欧的な意味での「自由」の観念を必要としなかったということは改めて考察すべきことがらである。

8●『**道徳を基礎づける**』フランソワ・ジュリアン著（中島隆博ほか訳／講談社現代新書／2002）

本書も「自由」を直接扱ったものではないが、「自由」の対極にある「道徳」や「規範」について、西欧と東洋を比較したもの。カントやルソーが、孟子や孔子と比較される。東洋思想の意味を改めて啓発される。

9●「**伝統**」小林秀雄著（小林秀雄全作品14巻に所収／新潮社／2003）

伝統というものの根源的な意味を論じる中で、「自由な創造」や「自由な個性」などといったことの危うさを論じる。短い論文だが、「自由」を考える上でもたいへんに示唆的。

10●『**自由とは何か**』佐伯啓思著（講談社現代新書／2004）
最後に、付録で私の著書をあげておいた。いわゆるリベラリズムの限界を論じながら、「われわれ」（日本人）にとって「自由」をどのように理解すればよいのか、という関心で書かれている。

竹田青嗣◎選

小説など、ほかの分野にも多くあるがここでは、近代哲学の「自由論」のメインストリームを選んでみた。

1●『**リヴァイアサン**』（一〜四）ホッブズ著（水田洋訳／岩波文庫／［一、二改訳版］1992［三］1982［四］1985）
戦争はなぜ起こるのかについての、近代におけるはじめの原理論。戦争の原理を理解することは、同時に戦争（暴力抑止）の原理をつかむことでもある。

2●『**統治論**』ジョン・ロック著（「世界の名著27ロック・ヒューム」より　大槻春彦訳／中央公論社／1968）
近代の「所有の自由」についての始発点となる原理論。神の存在を暗黙の前提とする弱点があって、のちに、カント、ヘーゲルによって修正を受ける。

3●『**社会契約論**』ルソー著（桑原武夫ほか訳／岩波文庫／1954）
近代の政治統治の「正当性」についての、決定的な原理論。ヘーゲルがより詳しい展開を試みているが、基本原理としてはルソーの考えが決定的。

4●『**実践理性批判**』カント著（波多野精一ほか訳／岩波文庫／1979）
所有の自由論とは別に、人間の自由と道徳の本質関係を論じて、近代倫理学のはじめの出発点となった。自由とは「善」への自由であるという基本命題は、多くの反論を呼び、ヘーゲルによる徹底的な批判を受ける。

5●『**精神の現象学**』ヘーゲル著（金子武蔵訳／岩波書店／2002）
人間精神の本質を「自由」の概念で示し、人間の歴史と社会は、人間精神の展開を通して「自由」

の本質が徐々に開花していく、という独自の歴史観を打ち立てた。「理性」章の「事そのもの」論で展開される自由論は、近代社会の人間的自由の本質論として白眉。

6●『**法の哲学**』ヘーゲル著（藤野渉ほか訳／中央公論新社／2001）
ヘーゲル哲学の全体が「自由」の本質論と言えるが、この本の「緒論」で、ヘーゲルによる「自由の本質観取」が置かれており、特筆すべきなので、あえて、ヘーゲルからもう一冊。

7●『**自由論**』ミル著（塩尻公明ほか訳／岩波文庫／1971）
国家の公準が国民の福祉（幸福）にあると明確に規定した功利主義自由論の代表作。ヘーゲルの自由論とならぶ、近代社会における自由思想の古典。

8●『**死に至る病**』キェルケゴール著（斎藤信治訳／岩波文庫／1939）
現代実存哲学の出発点をなした古典。社会的自由ではなく、内面的自由の探求の記念碑的作品。しかし、キルケゴールの到達点は「信仰」への飛躍という点にあった。ニーチェがやり直したと言える面もあり。

9●『**人間の条件**』ハンナ・アレント著（志水速雄訳／ちくま学芸文庫／1994）
20世紀思想家で「自由」の探求の第一人者をあげればこの人。マルクス主義全盛の時期に、「自由」という地点から、根本的に社会思想を構想しなおそうとした。とくに暴力と自由の関係についての考察は貴重。

10●『**人間的自由の条件**』竹田青嗣著（講談社／2004）
自分の著作で気が引けるが、近代哲学、現代思想の「自由」論の継承と展開、ということを意識して書いたので、最後にあげさせてもらった。ヘーゲルの自由論とアレントの自由論の欲望論的展開。

小浜逸郎◎選

1●『**新約聖書**』（新約聖書翻訳委員会訳／岩波書店／2004）
特にイエスの言葉とされる「人はパンのみにて生きるものではない」「カエサルのものはカエサルに、

神のものは神に返せ」「外から入ったものは汚さない。汚れは内から生じる」などは、俗世の法則とは異なる「精神」の次元に自由の根拠を見いだそうとした挑発的発言。

2●**『キリスト者の自由』**マルティン・ルター著（石原謙訳／岩波文庫／1955）
これも1と同じく、人間は「神の奴隷」たることをもってかえって自由な存在であり得るという逆説によって、「内面」の自由を守ろうとしたもの。

3●**『実践理性批判』**カント著（波多野精一ほか訳／岩波文庫／1979）
カントは、キリスト教の「神」を、自然法則に拘束されない「理性」に置き換えて、そこに人間的自由の証を見ようとした。道徳を理性の自由によって基礎づけるために、「自由は道徳法則の存在根拠」であるとされる。でもホントかな？

4●**『反キリスト者』**フリードリッヒ・ニーチェ著（ニーチェ全集〈14〉所収／原佑訳／ちくま学芸文庫／1994）
ニーチェは、以上のようなキリスト教的ヨーロッパ思想の流れを一括して、現世における敗者や弱者の怨嗟にもとづく奴隷道徳として過激に否定した。彼はルターやカントを、現世的権力を目指す人間の自然本能に逆らう思想として端的に軽蔑する。またいわゆる近代的な「自由主義」の蔓延を人間の群居動物化、平準化として、その価値を認めなかったようだ。でも普通人の幸福追求の感覚にあまりに逆らうこの一種の精神的貴族主義、ロマン主義は、現代ではちょっと通用しにくいように思える。

5●**『カラマーゾフの兄弟』**ドストエフスキー著（亀山郁夫訳／光文社文庫／2006）
作中人物・イワンによって語られる劇詩「大審問官」の思想は、民衆は自由よりもパンを求めているから（両者は両立しないから）、彼らの幸福のためには、選ばれた少数者だけが自由を背負うことの苦悩に耐えなくてはならぬというもの。万人に自由を与えることを約束したイエスは非現実的であるとして批判される。エリートと愚民の区別を永遠の前提とする点で反時代的であるが、ニーチェ同様、一考にも二考にも値する。

6●『**大衆の反逆**』オルテガ著（寺田和夫訳／中公クラシックス／2002）
これもニーチェの思想的系譜を引きつぐもので、大量の大衆人の出現（自由の大衆化）を貴族的精神の危機ととらえる近代批判の書である。義務を忘れ権利の追求に躍起となっている大衆人の「生の形式」そのものに懐疑を投げかける。

7●『**自由論**』ミル著（塩尻公明ほか訳／岩波文庫／1971）
社会的・政治的自由の可能性と限界を論じたリベラリズムの古典。一貫して「個人」と「社会」とを明快に分けて論じている点で、自由主義社会における自由と責任の関係を考える上でわかりやすいと言えるが、しかしこの単純な二分法が関係存在としての人間の本質をとらえた見方であるかどうかについては疑問が残る。

8●『**海鳴り**』藤沢周平著（文春文庫／1987）
「この世はままならない」という生活者の実感を、江戸期の町人社会のあり方に託して精緻に追求した作品。藤沢時代小説が現代日本人に幅広い共感を得ているのも、知識人の「自由」論議がとかく観念的な空中戦に終始しがちで、庶民の心に届かないことの一つの証左であろう。

9●『**女の一生**』モーパッサン著（新庄嘉章訳／新潮文庫／1951）
これも人生のままならなさを教える。ある時代、ある階層の女性はこのようにしか生きられなかったという哀切なリアリズムが光る。いま女性はここに描かれた時代に比べれば、格段に自由に生きているように見える。しかし本当にそうなのだろうか。恋愛や結婚の「選択の自由」は、好悪感情に支配されるという新しい不自由感を生んではいないだろうか。

10●『**社会的ひきこもり**』斎藤環著（PHP新書／1998）
「ひきこもり」という状態像は、現代日本の「自由」のあり方がもたらす象徴的な姿だと思う。「どう生きても君の自由だよ」と言われることが、どう生きることもうまくできない一部の人にプレッシャーをもたらす。それは豊かな自由主義社会のコストのようなものだろう。

プロフィール
著作

長谷川三千子　［はせがわみちこ］
1946年東京生まれ。哲学者。
東京大学文学部哲学科卒業、同大学大学院博士課程修了。埼玉大学教養学部教授。
●バベルの謎――ヤハウィストの冒険　（中公文庫・440P・2007.04・¥1,238）
●正義の喪失――反時代的考察（PHP文庫・342P・2003.01・¥648）
●民主主義とは何なのか（文春新書・230P・2001.09・¥700）
●あなたも今日から日本人――『国民の歴史』をめぐって（西尾幹二との共著・致知出版社・218P・2000.07・¥1,400）
●正義の喪失――反時代的考察　（PHP研究所・275P・1999.11・¥1,600）
●からごころ――日本精神の逆説　（中公叢書・218P・1986.06・¥1,800）

佐伯啓思　［さえきけいいし］
1949年奈良市生まれ。経済学者。東京大学経済学部卒業、同大学院経済学研究科理論経済学専攻博士課程単位取得。
京都大学大学院人間・環境研究科教授。

●学問の力（NTT出版・284P・2006.04・¥1,600）
●テロの社会学（大澤真幸との共著・新書館・225P・2005.11・¥1,800）
●倫理としてのナショナリズム――グローバリズムの虚無を超えて（NTT出版・285P・2005.02・¥2,000）
●経済学の現在2（西部忠、金子邦彦、安富歩、斉藤日出治、鈴村興太郎との共著・日本経済評論社・346P・2005.01・¥2,800）
●自由とは何か――「自己責任論」から「理由なき殺人」まで（講談社現代新書・286P・2004.11・¥740）
●20世紀とは何だったのか――「西欧近代」の帰結（現代文明論：下）（PHP新書・241P・2004.06・¥740）
●人間は進歩してきたのか――「西欧近代」再考（現代文明論：上）（PHP新書・269P・2003.10・¥740）
●砂上の帝国アメリカ（飛鳥新社・281P・2003.09・¥1,700）
●成長経済の終焉――資本主義の限界と「豊かさ」の再定義（ダイヤモンド社・298P・2003.07・¥2,000）
●新「帝国」アメリカを解剖する（ちくま新書・254P・2003.05・¥740）
●総理の資質とは何か――崩壊する小泉改革（小学館文庫・253P・2002.06・¥533）
●〈新しい市場社会〉の構想――信頼と公正の経済社会像（松原隆一郎との共編著・新世社・337P・2002.06・¥2,200）
●公共哲学5　国家と人間と公共性（坂本多加雄、加藤哲郎、杉田敦、中山道子、千葉真、姜尚中、金泰昌との共著・東京大学出版会・294P・2002.02・¥3,600）
●国家についての考察（飛鳥新社・321P・2001.08・¥1,800）
●この思想家のどこを読むのか――福沢諭吉から丸山真男まで（山折哲雄、大月隆寛、松本健一、小浜逸郎、高沢秀次、西部邁、加地伸行との共著・洋泉社新書y・243P・2001.02・¥790）
●貨幣・欲望・資本主義（新書館・398P・2000.12・¥2,600）
●優雅なる衰退の世紀（吉田和男、中西輝政、筒井清忠との共著・文藝春秋・241P・2000.01・¥1,714）
●ケインズの予言（幻想のグローバル資本主義：下）（PHP新書・222P・1999.07・¥660）
●アダム・スミスの誤算（幻想のグローバル資本主義：上）（PHP新書・237P・1999.06・¥660）
●「アメリカニズム」の終焉――シヴィック・リベラリズム精神の再発見へ（増補版）（TBSブリタニカ・353P・

1998.09・¥2,200)

●日本の自画像5　現代日本の病理（藤山正二郎、三浦清一郎、中村哲、天児都、大中幸子、碇浩一との共著・葦書房・239P・1998.04・¥1,500)

●現代日本のイデオロギー――グローバリズムと国家意識（Kodansha philosophia）（講談社・312P・1998.04・¥2,300)

●「アジア的価値」とは何か（編・佐伯啓思、青木保　著・青木保、佐伯啓思、山室信一、宮本光晴、筒井清忠、粕谷一希、土佐昌樹、崔吉城、季衛東、倉沢愛子、永淵康之、春日直樹、佐藤光、梶原景昭、森口親司・TBSブリタニカ・286P・1998.03・¥2,200)

●「市民」とは誰か――戦後民主主義を問いなおす（PHP新書・201P・1997.07・¥660)

●現代民主主義の病理――戦後日本をどう見るか（日本放送出版協会・238P・1997.01・¥920)

●現代日本のリベラリズム（Kodansha philosophia）（講談社・313P・1996.04・¥2,233)

●イデオロギー／脱イデオロギー（岩波書店・204P・1995.11・¥1,800)

●現代社会論――市場社会のイデオロギー（講談社学術文庫・293P・1995.01・¥900)

●静かなる革命――ポスト近代の志（川勝平太との共著・リブロポート・220P・1993.11・¥1,900)

●「欲望」と資本主義――終りなき拡張の論理（講談社現代新書・221P・1993.06・¥720)

●「アメリカニズム」の終焉――シヴィック・リベラリズム精神の再発見へ（TBSブリタニカ・276P・1993.04・¥2,136)

●隠された思考（ちくま学芸文庫・312P・1993.03・¥932)

●お金ってなんだろう（ひろさちやとの共著・鈴木出版・236P・1992.11・¥1,553)

●市場社会の経済学（新世社・261P・1991.10・¥2,500)

●命題コレクション経済学（間宮陽介、宮本光晴との共著・筑摩書房・369P・1990.02・¥2,301)

●産業文明とポスト・モダン（筑摩書房・228P・1989.05・¥1,495)

●「シミュレーション社会」の神話――意味喪失の時代を斬る（日本経済新聞社・242P・1988.10・¥1,300)

●擬装された文明――大衆社会のパラドックス（TBSブリタニカ・333P・1988.04・¥2,800）
●時間の身振り学――市場社会の表層へ（筑摩書房・249P・1987.01・¥1,500）
●隠された思考――市場経済のメタフィジックス（筑摩書房・276P・1985.06・¥1,900）

竹田青嗣　［たけだせいじ］
1947年大阪生まれ。哲学者、文芸評論家。
早稲田大学政治経済学部卒業。早稲田大学国際教養学部教授。

●自分探しの哲学――「ほんとうの自分」と「生きる意味」（主婦の友インフォス情報社・231P・2007.05・¥743）
●「自分」を生きるための思想入門（ちくま文庫・280P・2005.12・¥740）
●人間的自由の条件――ヘーゲルとポストモダン思想（講談社・467P・2004.12・¥2,700）
●愚か者の哲学――愛せない場合は通り過ぎよ！（主婦の友社・191P・2004.09・¥1,400）
●よみがえれ、哲学（西研との共著・日本放送出版協会・302P・2004.06・¥1,120）
●近代哲学再考――「ほんとう」とは何か・自由論（径書房・272P・2004.01・¥2,100）
●現象学は〈思考の原理〉である（シリーズ・人間学3）（ちくま新書・264P・2004.01・¥780）
●哲学ってなんだ――自分と社会を知る（岩波ジュニア新書・207P・2002.11・¥740）
●言語的思考へ――脱構築と現象学（径書房・336P・2001.12・¥2,200）
●天皇の戦争責任（加藤典洋、橋爪大三郎との共著・径書房・558P・2000.11・¥2,900）
●プラトン入門（ちくま新書・318P・1999.03・¥860）
●哲学の味わい方（西研との共著・現代書館・237P・1999.03・¥2,000）
●陽水の快楽――井上陽水論（ちくま文庫・230P・1999.03・¥680）
●二つの戦後から（加藤典洋との共著・ちくま文庫・302P・1998.08・¥700）

●はじめての哲学史——強く深く考えるために（西研との共編著・有斐閣・321P・1998.06・¥1,900）

●現代批評の遠近法——夢の外部（講談社学術文庫・265P・1998.03・¥820）

●現代社会と「超越」（竹田青嗣コレクション4）（対談：吉本隆明、笠井潔、加藤典洋、小浜逸郎、廣松渉、永井均、立川健二ほか・海鳥社・415P・1998.01・¥4,000）

●正義・戦争・国家論——ゴーマニズム思想講座（小林よしのり、橋爪大三郎との共著・径書房・285P・1997.07・¥1,600）

●エロスの世界像（講談社学術文庫・263P・1997.03・¥820）

●世界の「壊れ」を見る（竹田青嗣コレクション3）（海鳥社・362P・1997.03・¥3,800）

●恋愛というテクスト（竹田青嗣コレクション2）（海鳥社・360P・1996.10・¥3,398）

●自我論集（ジークムント・フロイト著、竹田青嗣編、中山元訳・ちくま学芸文庫・360P・1996.06・¥1,200）

●エロスの現象学（竹田青嗣コレクション1）（海鳥社・357P・1996.06・¥3,107）

●世界という背理——小林秀雄と吉本隆明（講談社学術文庫・246P・1996.04・¥800）

●ハイデガー入門（講談社選書メチエ・284P・1995.11・¥1,800）

●「自分」を生きるための思想入門——人生は欲望ゲームの舞台である（Geibun library）（芸文社・259P・1995.11・¥1,300）

●〈在日〉という根拠（ちくま学芸文庫・333P・1995.08・¥1,068）

●「私」の心はどこへ行くのか——「対論」現代日本人の精神構造（町沢静夫との共著・ベストセラーズ・271P・1995.06・¥1,760）

●自分を活かす思想・社会を生きる思想——思考のルールと作法（橋爪大三郎との共著・径書房・249P・1994.10・¥1,800）

●ニーチェ入門（ちくま新書・237P・1994.09・¥720）

●力への思想（小浜逸郎との共著・学芸書林・269P・1994.09・¥1,748）

●自分を知るための哲学入門（ちくま学芸文庫・252P・1993.12・¥740）

●エロスの世界像（三省堂・226P・1993.11・¥1,553）
●意味とエロス（ちくま学芸文庫・329P・1993.06・¥950）
●恋愛論（作品社・276P・1993.06・¥1,800）
●はじめての現象学（海鳥社・293P・1993.04・¥1,700）
●身体の深みへ（21世紀を生きはじめるために3）（村瀬学、瀬尾育生、小浜逸郎、橋爪大三郎との共著・JICC出版局・283P・1993.02・¥1,796）
●物語論批判——世界・欲望・エロス　岸田秀コレクション（岸田秀との共著・青土社・235P・1992.10・¥2,136）
●現代日本人の恋愛と欲望をめぐって——「対論」幻想論対欲望論（岸田秀との共著・ベストセラーズ・269P・1992.10・¥1,553）
●差別ということば（柴谷篤弘、池田清彦編・明石書店・310P・1992.09・¥2,233）
●世紀末のランニングパス——1991-92（加藤典洋との共著・講談社・277P・1992.07・¥1,845）
●現代思想の冒険（ちくま学芸文庫・250P・1992.06・¥740）
●「自分」を生きるための思想入門——人生は欲望ゲームの舞台である（芸文社・259P・1992.05・¥1,300）
●照らし合う意識（21世紀を生きはじめるために2）（小浜逸郎、村瀬学、瀬尾育生、橋爪大三郎との共著・JICC出版局・278P・1992.04・¥1,699）
●試されることば（21世紀を生きはじめるために1）（橋爪大三郎、小浜逸郎、村瀬学、瀬尾育生との共著・JICC出版局・265P・1991.08・¥1,699）
●自分を知るための哲学入門（ちくまライブラリー・248P・1990.10・¥1,300）
●陽水の快楽——井上陽水論（河出文庫・226P・1990.04・¥466）
●はやりうた読本——ひばりからサザンまで ポップ・ミュージック（日本ペンクラブ編、竹田青嗣選・福武書店・203P・1990.03・¥437）
●批評の戦後と現在——竹田青嗣対談集（対談：江藤淳、加藤典洋、高橋源一郎、柄谷行人、富岡幸一郎、秋山駿・平凡社・217P・1990.01・¥2,136）

●現象学入門（NHKブックス・238P・1989.06・¥920）
●夢の外部（河出書房新社・241P・1989.05・¥1,942）
●ニューミュージックの美神たち――Love songに聴く美の夢（飛鳥新社・254P・1989.01・¥1,300）
●ニーチェ（For beginnersシリーズ）（現代書館・174P・1988.06・¥1,200）
●世界という背理――小林秀雄と吉本隆明（河出書房新社・197P・1988.01・¥1,600）
●現代思想の冒険（毎日新聞社・238P・1987.04・¥1,300）
●〈世界〉の輪郭（国文社・232P・1987.04・¥2,000）
●思考のレクチュール4記号の死（小阪修平、柏木博、伴田良輔、橋爪大三郎、志賀隆生、佐野山寛太、永沢哲、鎌田東二、小阪修平との共著・作品社・236P・1986.12・¥1,600）
●意味とエロス――欲望論の現象学（作品社・269P・1986.06・¥1,600）
●陽水の快楽――井上陽水論（河出書房新社・240P・1986.04・¥1,300）
●物語論批判――世界・欲望・エロス（〈現在〉との対話3）（岸田秀との共著・作品社・247P・1985.09・¥1,200）
●記号学批判――〈非在〉の根拠（〈現在〉との対話2）（丸山圭三郎との共著・作品社・269P・1985.06・¥1,200）
●〈在日〉という根拠――李恢成・金石範・金鶴泳（国文社・230P・1983.01・¥2,000）

小浜逸郎 ［こはまいつお］

1947年、横浜市生まれ。批評家。横浜国立大学工学部建築学科卒業。国士舘大学客員教授。

「人間学アカデミー」(http://www.ittsy.net/academy/) 主宰者。

●男はどこにいるのか（ポット出版・312P・2007.04・¥2,500）
●人はなぜ死ななければならないのか（洋泉社新書y・234P・2007.02・¥780）
●死にたくないが、生きたくもない。（幻冬舎新書・204P・2006.11・¥720）

●方法としての子ども（ポット出版・304P・2006.02・¥2,500）
●「責任」はだれにあるのか（人間学アカデミー4）（PHP新書・232P・2005.10・¥720）
●人生のちょっとした難問（洋泉社新書y・221P・2005.07・¥780）
●善悪ってなに？働くってどんなこと？――14歳からのライフ・レッスン（草思社・254P・2005.03・¥1,200）
●正しい大人化計画――若者が「難民」化する時代に（ちくま新書・184P・2004.09・¥680）
●エロス身体論（平凡社新書・298P・2004.05・¥860）
●なぜ私はここに「いる」のか――結婚・家族・国家の意味（人間学アカデミー1）（PHP新書・225P・2003.10・¥700）
●やっぱりバカが増えている（洋泉社新書y・218P・2003.10・¥720）
●天皇の戦争責任・再考（池田清彦、井崎正敏、橋爪大三郎、小谷野敦、八木秀次、吉田司との共著・洋泉社新書y・189P・2003.07・¥720）
●可能性としての家族（ポット出版・320P・2003.07・¥2,500）
●「恋する身体」の人間学（シリーズ・人間学2）（ちくま新書・222P・2003.06・¥700）
●頭はよくならない（洋泉社新書y・270P・2003.03・¥740）
●死の哲学（世織書房・219P・2002.08・¥2,000）
●人はなぜ働かなくてはならないのか――新しい生の哲学のために（洋泉社新書y・285P・2002.06・¥740）
●癒しとしての死の哲学（新版）（王国社・223P・2002.03・¥1,900）
●人生を深く味わう読書（春秋社・235P・2001.11・¥1,700）
●「弱者」という呪縛――戦後のタブーを解き放て！（櫻田淳との共著・PHP研究所・243P・2001.06・¥1,400）
●「男」という不安（PHP新書・233P・2001.04・¥660）
●この思想家のどこを読むのか――福沢諭吉から丸山真男まで（佐伯啓思、山折哲雄、大月隆寛、松本健一、高沢秀次、西部邁、加地伸行との共著・洋泉社新書y・243P・2001.02・¥790）
●なぜ人を殺してはいけないのか――新しい倫理学のために（洋泉社新書y・235P・2000.07・¥680）

●正しく悩むための哲学――生きる自信を手にする14のヒント（PHP文庫・285P・2000.05・¥514）

●中年男に恋はできるか（佐藤幹夫との共著・洋泉社新書y・214P・2000.03・¥660）

●「弱者」とはだれか（PHP新書・222P・1999.08・¥657）

●これからの幸福論（時事通信社・238P・1999.07・¥1,700）

●間違えるな日本人！――戦後思想をどう乗り越えるか（林道義との共著・徳間書店・233P・1999.06・¥1,500）

●吉本隆明――思想の普遍性とは何か（筑摩書房・328P・1999.03・¥2,200）

●いまどきの思想、ここが問題。（PHP研究所・234P・1998.09・¥1,429）

●無意識はどこにあるのか（洋泉社・273P・1998.07・¥2,200）

●この国はなぜ寂しいのか――「ものさし」を失った日本人（PHP研究所・218P・1998.02・¥1,333）

●現代思想の困った人たち（王国社・190P・1998.02・¥1,600）

●幸福になれない理由（山田太一との共著・PHP研究所・221P・1998.01・¥1,238）

●14歳　日本の子どもの謎（イースト・プレス・207P・1997.11・¥1,400）

●子どもは親が教育しろ！（草思社・213P・1997.07・¥1,500）

●大人への条件（ちくま新書・237P・1997.07・¥720）

●ゴーマニスト大パーティー――ゴー宣レター集3（小林よしのりと61人の読者たちとの共著・ポット出版・224P・1997.06・¥1,400）

●癒しとしての死の哲学（王国社・219P・1996.11・¥1,748）

●方法としての子ども（ちくま学芸文庫・342P・1996.10・¥1,117）

●人生と向き合うための思想・入門（洋泉社・265P・1996.09・¥1,748）

●男はどこにいるのか（ちくま文庫・305P・1995.12・¥670）

●オウムと全共闘（草思社・214P・1995.12・¥1,553）

●間違いだらけのいじめ論議（諏訪哲二との共編著・宝島社・201P・1995.04・¥1,165）

●正しく悩むための哲学――生きる自信を手にする処方箋（PHP研究所・226P・1995.04・¥1,359）

●学校の現象学のために（新装版）（大和書房・221P・1995.04・¥1,800）
●先生の現象学（世織書房・307P・1995.03・¥2,200）
●中年男性論（筑摩書房・261P・1994.10・¥1,650）
●ニッポン思想の首領たち（宝島社・328P・1994.09・¥1,942）
●力への思想（竹田青嗣との共著・学芸書林・269P・1994.09・¥1,748）
●身体の深みへ（21世紀を生きはじめるために3）（村瀬学、瀬尾育生、竹田青嗣、橋爪大三郎との共著・JICC出版局・283P・1993.02・¥1,796）
●家族を考える30日（JICC出版局・222P・1993.01・¥1,359）
●人はなぜ結婚するのか（草思社・222P・1992.11・¥1,262）
●照らし合う意識（21世紀を生きはじめるために2）（竹田青嗣、村瀬学、瀬尾育生、橋爪大三郎との共著・JICC出版局・278P・1992.04・¥1,699）
●症状としての学校言説（JICC出版局・270P・1991.04・¥1,650）
●試されることば（21世紀を生きはじめるために1）（橋爪大三郎、竹田青嗣、村瀬学、瀬尾育生との共著・JICC出版局・265P・1991.08・¥1,699）
●時の黙示（学芸書林・457P・1991.02・¥2,602）
●家族はどこまでゆけるか（JICC出版局・309P・1990.11・¥1,748）
●男はどこにいるのか（草思社・261P・1990.11・¥1,553）
●男がさばくアグネス論争（大和書房・291P・1989.06・¥1,505）
●可能性としての家族（大和書房・310P・1988.10・¥1,800）
●方法としての子ども（大和書房・260P・1987.07・¥1,600）
●学校の現象学のために（大和書房・221P・1985.12・¥1,500）
●家族の時代（五月社、小阪修平との共編著・239P・1985.05・¥1,400）
●太宰治の場所（弓立社・205P・1981.12・¥1,400）

書名 ——— 自由は人間を幸福にするか
著者 ——— 長谷川三千子・佐伯啓思・竹田青嗣・小浜逸郎
編集 ——— 那須ゆかり・佐藤幹夫
ブックデザイン—沢辺均
発行 ——— 2007年5月19日［第一版第一刷］
定価 ——— 1,800円+税
発行所 —— ポット出版［株式会社スタジオ・ポット］
150-0001 東京都渋谷区神宮前2-33-18#303
電話 03-3478-1774
ファックス 03-3402-5558
ウェブサイト http://www.pot.co.jp/
電子メールアドレス books@pot.co.jp
郵便振替口座 00110-7-21168 ポット出版
印刷・製本— 株式会社シナノ
ISBN978-4-7808-0103-3 C0036

Does freedom make a human being happy ?
by:HASEGAWA Michiko, SAEKI Keishi,
TAKEDA Seiji, KOHAMA Itsuo
First published in Tokyo Japan, May 19, 2007
by Pot Pub.Co.,ltd.
#303 2-33-18 Jingumae Shibuya-ku
Tokyo,150-0001 JAPAN
www.pot.co.jp
books@pot.co.jp
Postal transfer:00110-7-21168

ISBN978-4-7808-0103-3 C0036

書籍DB●刊行情報
1 データ区分——1
2 ISBN——978-4-7808-0103-3
3 分類コード——0036
4 書名—— 自由は人間を幸福にするか
5 書名ヨミ——ジユウハニンゲンヲコウフクニスルカ
13 著者名1——長谷川三千子
14 種類1——著
15 著者名1ヨミ——ハセガワミチコ
16 著者2——佐伯啓思
17 種類2——著
18 著者名2ヨミ——サエキケイシ
19 著者名3——竹田青嗣
20 種類3——著
21 著者名3ヨミ——タケダセイジ
--- 著者名4——小浜逸郎
--- 種類4——著
--- 著者名4ヨミ——コハマイツオ
22 出版年月——200705
23 書店発売日——20070519
24 判型——四六判
25 頁数——176
27 本体価格——1800
33 出版社——ポット出版
39 取引コード——3795

本文●ラフクリーム琥珀・四六判Y目・71.55kg(0.130)／スミ
見返し●ビオトープGA・カカオビーンズ・四六判Y・120kg
表紙●アラベール スノーホワイト・四六判・Y・200kg／TOYO 0993
カバー●ミラーコート・ゴールド/四六Y/110kg／スミ（スリーエイト）+TOYO 0067／マットニス
使用書体●I-OTF明朝オールドPro+PGaramond 游築見出し明朝 もじくみ仮名OTF PFrutiger
2007-0101-2.5